高等学校高速铁路系列教材

【 编审委员会 】>>>>

高等学校高速铁路系列教材

高速铁路车站工作组织

主　编◎杨信丰　孟学雷

副主编◎于连成　王　宇　刘婷婷

中国铁道出版社有限公司

2021年·北　京

内 容 简 介

本书是“高等学校高速铁路系列教材”之一，共分六部分：高速铁路车站及设备、高速铁路车站的日常生产管理、高速铁路车站客运服务系统、高速铁路车站作业组织、高速铁路车站的流线组织、高速铁路车站应急处置。本书突出教材的针对性和实用性，便于学生学习、理解和掌握。

本书可作为高等院校交通运输及相关专业教材，也可作为铁路从事相关专业工作人员的参考用书。

图书在版编目(CIP)数据

高速铁路车站工作组织/杨信丰，孟学雷主编．—北京：中国铁道出版社有限公司，2021.10

高等学校高速铁路系列教材

ISBN 978-7-113-28365-0

Ⅰ.①高… Ⅱ.①杨… ②孟… Ⅲ.①高速铁路-铁路车站-行车组织-高等职业教育-教材 Ⅳ.①U292

中国版本图书馆 CIP 数据核字(2021)第 184102 号

书　　名：高速铁路车站工作组织
Gaosu Tielu Chezhan Gongzuo Zuzhi

作　　者：杨信丰　孟学雷

责任编辑：于　秀　　**编辑部电话：**(010)51873044
编辑助理：鹿金炜
封面设计：尚明龙
责任校对：焦桂荣
责任印制：高春晓

出版发行：中国铁道出版社有限公司(100054，北京市西城区右安门西街 8 号)
网　　址：http://www.tdpress.com
印　　刷：北京铭成印刷有限公司
版　　次：2021 年 10 月第 1 版　2021 年 10 月第 1 次印刷
开　　本：787 mm×1 092 mm　1/16　**印张：**8.5　**字数：**198 千
书　　号：ISBN 978-7-113-28365-0
定　　价：42.00 元

【兰州交通大学高等学校高速铁路系列教材目录及主编人】

序 号	教材名称	主 编 人
1	高速铁路客站工程	蔺鹏臻
2	高速铁路线路工程	李 斌
3	高速铁路桥梁工程	丁南宏
4	高速铁路隧道工程	梁庆国
5	高速铁路施工组织与计价	顾伟红
6	动车组运用与管理	朱喜锋
7	动车组牵引传动与控制	车 军
8	动车组车辆设计技术	商跃进
9	动车组制造与修理工艺	冉虎珍
10	机车车辆概论	金 花
11	动车组工程	石广田
12	高速铁路车站计算机联锁系统	谭 丽
13	高速铁路分散自律调度集中(FZ-CTC)	张雁鹏
14	铁路专用通信	樊子锐
15	高速铁路无线通信系统与应用	谢健骊
16	LTE-R铁路移动通信技术	周冬梅
17	高速铁路信息安全技术	李 强
18	高速铁路调度指挥	刘 斌
19	高速铁路列车运行图	田志强
20	高速铁路站场设计	张春民
21	高速铁路车站工作组织	杨信丰
22	高速铁路客运管理	张玉召

【序 言】>>>>

高速铁路是中国名片和国之重器。中国国家铁路集团有限公司 2020 年 8 月出台《新时代交通强国铁路先行规划纲要》,明确提出要加快构建现代高效的高速铁路网,深化高铁关键核心技术自主创新,造就高水平科研人才和建设高技能产业大军,至2035 年率先建成现代化铁路强国。把握高速铁路技术发展新特征,面向高校专业人才培养和铁路企业职工培训新需求,编写一套先进适用的高速铁路特色教材,显得重要而迫切。

兰州交通大学为中国国家铁路集团有限公司与甘肃省人民政府共建高校,素有"铁路工程师摇篮"之称。新时期学校致力培养铁路高素质工程技术人才,高度重视教材编写工作,专门设立"兰州交通大学高速铁路特色系列教材"项目,成立编审委员会,组织协调学校轨道交通相关专业骨干教师和中国铁路兰州局集团有限公司工程技术人员,广泛收集技术资料,深入铁路设计、施工、制造、运输企业调研,依照高速铁路技术标准,历时 4 年,反复讨论与修改,终在高速铁路建设新征程开启之际,完成 22 部高等学校高速铁路系列教材的编写任务并出版。

本套教材具有系列化和专适性特点,涵盖高速铁路线桥隧工程、动车组、通信信号、站场设计、运输组织等专业领域,注重介绍高速铁路新理论、新技术、新装备、新材料和新工艺,理论联系实际,资料翔实,图表丰富,可作为高校轨道交通专业的教学教材，亦可作为轨道交通行业企业技术管理人员的培训教材。

本套教材是校企深度合作的成果，谨向大力支持教材编写工作的中国铁路兰州局集团有限公司致谢！

兰州交通大学高等学校高速铁路系列教材

编审委员会

2020 年 9 月

【 前 言 】>>>>

高速铁路车站是高速铁路运输生产的基层单位，也是城市的窗口，其主要作用是完成旅客运输，为旅客提供安全、舒适、方便的乘车环境。为了适应高速铁路快速发展对高层次车站管理人才的需要，我们在借鉴已有研究成果的基础上，结合高速铁路的运营实践，从高速铁路工作实际需要出发，编写了本书。

本书内容涵盖了高速铁路车站工作组织的各环节，主要包括高速铁路车站及设备、高速铁路车站日常生产管理、高速铁路车站客运服务系统、高速铁路车站作业组织、高速铁路车站流线组织、高速铁路车站应急处置等共六章。在编写过程中，力求突出先进性、应用性和实践性，既可作为高等院校、高职高专类院校铁路运输专业教学使用，也可作为铁路系统广大干部、职工及高等学校相关专业的研究生、本科生学习高速铁路相关知识的参考书。

本书由兰州交通大学杨信丰、孟学雷，中国铁路上海局集团有限公司嘉兴车务段于连成高级工程师，蚌埠直属站陶波工程师，中国铁路济南局集团有限公司烟台车务段王宇工程师，中国铁道科学研究院集团有限公司电子计算机技术研究所刘婷婷高级工程师，中铁特货物流股份有限公司广州分公司运输调度部经理王东梁高级工程师共同编写完成。其中，杨信丰负责全书的统稿，并编写第 1 章；孟学雷负责全书的图表整理，并编写第 6 章；陶波和于连成编写第 4 章；王宇编写第 2 章；刘婷婷编写第 3 章，王东梁编写第 5 章。苏铭、代万清、戚翌成等研究生也做了大量辅助工作。

本书编写过程中，兰州交通大学交通运输学院牛惠民教授、朱昌锋教授、李海军教授、刘斌副教授、高如虎老师等提供了大量专业性指导意见；中国铁路兰州局集团有限公司科信部张涛高级工程师、中国铁路上海局集团有限公司淮北车务段李青松高级工程师、虹桥车站白婷婷工程师等在资料收集及调研过程中提了富有建设性的意见和建议；中铁第四勘察设计院集团有限公司余君领高级工程师、腾东云高级工程师、孔惠惠高级工程师等也为给予了许多助力，在此谨致以诚挚的谢意。

由于高速铁路发展迅速，高速铁路车站组织的理论与技术也在不断发展，同时限于编者水平，本书的内容或表达上难免存在疏漏和不妥之处，恳请读者批评指正。

编　者

2020 年 8 月

【目 录】>>>>

1 高速铁路车站及设备 ……………………………… 1

1.1 高速铁路车站的特点 ……………………………… 1
1.2 高速铁路车站布局 ……………………………… 3
1.3 高速铁路车站技术设备 ……………………………… 8
1.4 动车段(所)与综合维修基地的设置…………………… 16

2 高速铁路车站日常生产管理……………………………… 21

2.1 客票售检票工作 ……………………………… 21
2.2 高铁车站票务工作 ……………………………… 27
2.3 客运服务工作及作业标准 ……………………………… 32
2.4 安全管理工作 ……………………………… 41

3 高速铁路车站客运服务系统……………………………… 45

3.1 国外高速铁路客运服务系统简介………………………… 45
3.2 我国高速铁路客运服务系统……………………………… 47

4 高速铁路车站作业组织……………………………… 57

4.1 接发列车 ……………………………… 57
4.2 调车作业 ……………………………… 67
4.3 施工维修 ……………………………… 70

5 高速铁路车站流线组织……………………………… 75

5.1 流线概述 ……………………………… 75
5.2 高速铁路车站流线分析与组织 ……………………………… 79

6 高速铁路车站应急处置 …………………………………… 87
6.1 高速铁路车站应急处置管理运作模式与选择 ………… 87
6.2 高铁车站客运突发事件应急处置 ………………………… 88
6.3 高速铁路车站票务及客服系统应急处置 ……………… 95
6.4 高速铁路车站行车设备故障应急处置 ………………… 102
参考文献 ……………………………………………………… 124

1 高速铁路车站及设备

随着高速铁路时代的来临，高速铁路车站的作用越来越丰富、越来越重要。高速铁路车站是高速铁路运输生产的基层单位，也是城市的窗口，其主要作用是完成旅客运输，为旅客提供安全、舒适、方便的乘车环境；是旅客运输的始发、中转和终到作业的地点；是铁路与旅客运输有关的行车、工务、电务、供电等部门协调地进行生产活动的场所。旅客选择列车作为旅行工具，首先接触到的是车站，车站展示铁路服务质量、树立铁路信誉的窗口。高速铁路车站相对于普速铁路车站在设计理念、功能分类、技术设备、列车编组辆数和运营模式等方面有很大的改进，能够使客流组织更加合理、方便快捷。

1.1 高速铁路车站的特点

高速铁路车站具有设计立体化、操作自动化、功能多样化的特点。

1.1.1 高速铁路车站的业务特点

1. 作业单一。

高速铁路一般不开行货物列车，高速铁路车站只办理客运业务，不办理货运业务（高铁快运除外），作业单一。

2. 车停站时间短，高速铁路车站不办理行包、邮政托运业务。

高速列车牵引重量小、列车定员少、运输成本高，在高速列车上挂运邮车和行包车不经济，还会因装卸行包而延长旅客列车的停站时间，不符合高速铁路追求最短旅行时间的目的。同时，增加行邮业务还需增建相应的行邮通道，以保证运营安全，这也会增加高速铁路车站的投资建设费用。所以，高速列车在沿途车站不办理行包、邮政托运业务。

1.1.2 高速铁路车站的设计特点

在高速铁路车站建筑设计中融入最新设计理念，充分体现现代化站房的功能。车站设计保证乘客使用安全、方便，并具有良好的内部和外部环境备件，为乘客提供安全、舒适的候车环境。对站房的内部功能、流线进行组织，保证流线便捷、顺畅，避免交叉干扰，提供适用、高效、便利的旅客服务设施，充分体现“以人为本”的设计理念。在建筑造型设计上，设计者首先充分调查研究，结合当地的历史文化、地域特征，设计出风格各异、赏心悦目的车站建筑；其次，设计和施工中满足绿色、节能、环保和可持续发展等要求，并配合城市发展规划布置站房相关设备，为城市轨道交通规划预留换乘接口条件，使客流组织合理、方便、快捷。

新建的高铁车站注重室内外空间环境的缔造，高大、通透、开敞等空间特性，能够提升旅客出行的舒适度，大跨度空间结构技术的创新，使这一目标得以实现。在高架候车厅、进站厅、站台及地下空间的设计中，更加注重和关心旅客的感受，多采用自然通风采光的方式。对室内温度环境、声环境及光环境的研究及控制，提升了车站室内空间品质。作为城市“窗口”，高铁车站在建筑造型上尽量将地域文化和现代文化融合在一起。

1. 突出“以人为本，安全第一”的设计思想

高速铁路车站是一个大量人流集散的场所，首先要保障安全，其防火防灾等设施做了合理布设。在保障安全的前提下，要以方便旅客使用为宗旨，从“管理为本”向“以人为本”转变，提供多层次的出入通道引导旅客顺畅的出站。

高速列车通常以正常运行速度通过不停站，需停站的高速列车运行进站的速度也达到80 km/h及以上。列车运行速度提高，其通过或进站停车时产生的气压就会加强加大，形成的裂车风非常猛烈。为了防止“列车风”危及人员安全，在车站内要通过合理布设各项设备来保证旅客人身安全、员工作业安全、列车运行安全、调车作业安全等，如站台加宽、安全线后移等。

2. 做好与其他交通方式的协调

高速铁路是一种大运量的运输通道，为充分发挥高速铁路的效能，城市内部各种交通工具要快速地为高速铁路车站运送和疏解客流，实现高速铁路车站在城市中“交通转换平台”的作用，使高速铁路与既有线、城市轨道交通、轻轨，公交、出租车等交通方式形成协调运作、优势互补的交通体系，成为城市综合型交通枢纽，为旅客提供便捷、高效的一体化运输服务。

高速铁路车站的总体布局上充分考虑车站与城市总体规划、车站与城市交通规划、车站与既有客站的合理分布分工等的相互配合，最大限度地集散客流。高速列车的到发间隔时间短，车站到发客流量大，尽量使城市交通—进出站—上下车整个旅客流线的顺畅，避免客流通道交叉干扰，加速旅客进出站的过程，贯彻方便旅客出行的基本原则。

3. 体现节能环保

高速铁路车站广泛采用节能技术，墙体、屋顶选用新型材料；照明充分利用自然光，并采用高效节能灯及智能控制技术；采暖空调系统采用节能新技术，选用节能型设备，使用太阳能光伏发电技术，实行节能运行管理等措施，从而降低了能耗，节约了能源。

高速铁路车站候车厅采用了低温水地板辐射采暖系统供热，使室内地表温度均匀，室温由下而上逐渐递减，脚暖头凉。脚暖头凉与对流传热形成的头热脚凉的感觉相比，人的舒适感受度更好。

高速铁路车站一般在城市边缘，没有城市热网，但使用锅炉对环境影响较大，为保证车站候车环境舒适，采用地埋管地源热泵技术提供中央空调冷热媒水。在夏季，地埋管将制冷机组排放的热量带走，在冬季，制冷机组通过地埋管吸收地层的热量，利用土壤作为换热介质充分达到节能、环保的目标。

1.1.3 高速铁路车站的作业组织特点

1. 客运组织的特点

由于高速列车停站时间短，需要提高旅客乘降速度，缩短旅客在站停留时间。根据车站客运量的大小，车站需配备一定数量的自动售检票机、车站信息发布系统和客流导向系统等，以

方便旅客购票、乘车，缩短旅客排队购票、进出站的时间。

2. 行车组织的特点

高速铁路的行车组织特点是“高密度、小编组”。“高密度”即发车间隔短、频率高，“小编组”即编挂车辆少，通常为 8 节；部分客流大的线路开行重联列车，即 16 节。为满足高速列车在站高效、快速的作业要求，车站客运组织和行车组织工作需围绕高速列车的到发时刻组织客流，提高高速铁路车站集聚、分流的能力。对于立即折返的列车，必须提高车站客运和行车组织工作水平，适应高速列车的高效、快速的作业要求。

1.2 高速铁路车站布局

1.2.1 高速铁路车站的布局设计

1. 高速铁路的起、讫站应设在具有大量直达客流的大城市，以充分满足高速铁路通过能力的需求，提高运营效益。沿途高速铁路车站应最大限度地满足沿线各重要城市旅客出行的需求和沿线地区经济的发展。

2. 高速铁路车站站间距要满足该高速线运输组织模式的需要，并考虑到运行不同速度等级的旅客列车，必须在适当地点设置一定数量的越行站。

3. 高速铁路车站的站址应结合引入线路走向，既有客站位置与条件，城市总体规划、地形地质条件等因素经综合比选确定，一般应考虑优先引入既有客站或进入市区。大型高速铁路客站应与城市交通系统紧密衔接，构建综合交通枢纽。

4. 若高速铁路与既有铁路基本并行修建时，高速铁路车站应尽量与既有站合并设置，以充分利用既有客运设施减少投资。合设的客运站应按高速列车车场和普速列车车场分开设计。当枢纽内设置两个及以上客站时，客站间应有便捷的联络线路，应根据客车经路顺畅、点线能力协调、旅客交通方便等原则，进行客站分工。

5. 高速铁路车站设计应满足高速旅客运输需要，方便旅客集散、乘降，便于运营管理，符合多样功能要求，并预留进一步发展的条件。

1.2.2 车站的布置

1.2.2.1 新建高速铁路车站

1. 车站的平面布置

高速铁路车站根据其到发线与站台的数量及相互位置，平面布置有以下几种。

(1)两线式布置(图 1-1)。两线式布置设置两条到发线，正线办理高速列车通过，到发线办理中速列车待避。由于不办理客运业务，原则上不设站台。一般适用于越行站。

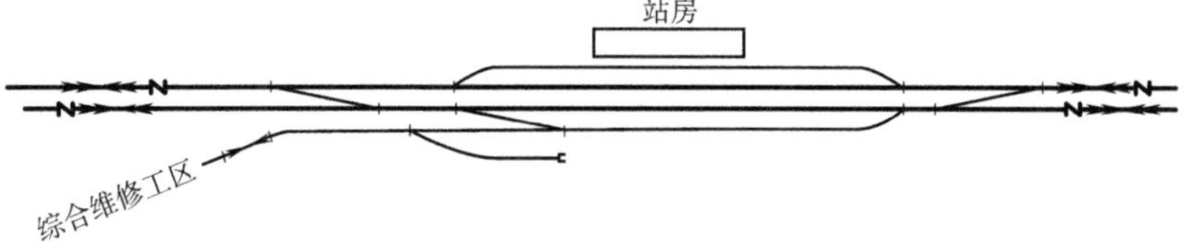

图 1-1 两线式布置示意

(2)两线两台式布置。根据站台及线路的相互位置不同，两线两台式布置又分为对应式布置和岛式布置。

①对应式布置。对应式的2个站台夹4条线路，Ⅰ、Ⅱ道为正线；3、4道为到发线，供列车停车、待避用，如图1-2所示。这种布置的优点是正线不靠近站台，高速列车自正线通过时，并不影响站台上旅客的安全，站台不需加宽。若客运量较大且某个方向需办理2列停站待避列车时，可增设1条到发线，见图1-2中虚线位置。

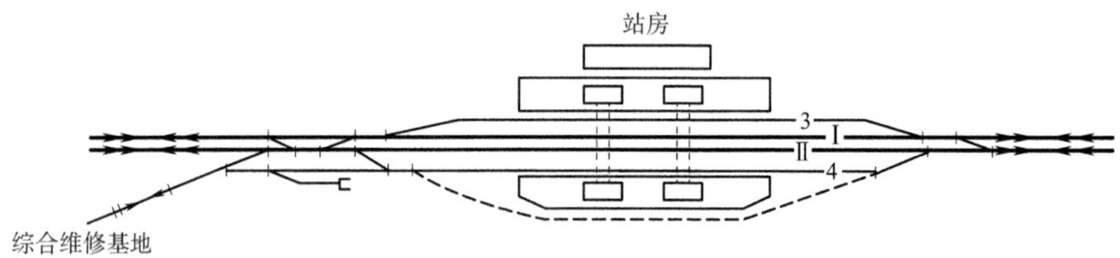

图 1-2　对应式布置示意

②岛式布置(图1-3)。岛式布置的中间站台靠近正线，Ⅰ、Ⅱ道正线为高速列车通过线，3、4道为待避线。这种布置的缺点是当有列车在正线停靠站台时，会影响后续追踪列车通过，降低区间通过能力；由于高速列车通过时受列车风的影响，站台需要加宽以保证旅客的安全，并需设置防护栅栏。这种布置一般适应于中间站。

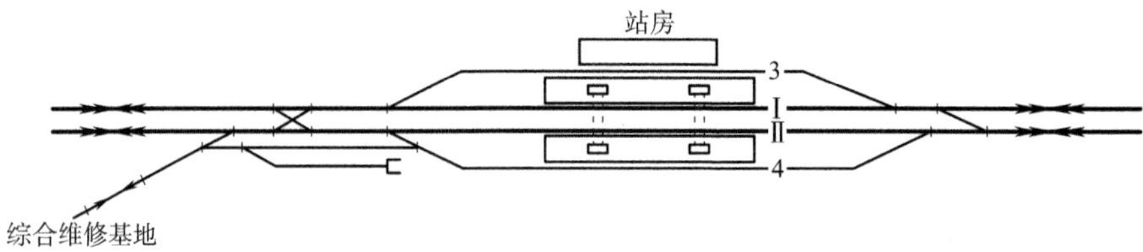

图 1-3　岛式布置示意

(3)设有综合维修基地的高速铁路车站布置(图1-4)。设有综合维修基地的高速铁路车站一般设置3～4条到发线和2个中间站台。高速铁路车站设有综合维修基地，供高速铁路线路、信号、供电等设备的维修保养，有时也供少量动车组折返和夜间停留。这种基地应尽量与到发线衔接，必要时可采用跨线桥引入车站，以便维修机械车辆出入。

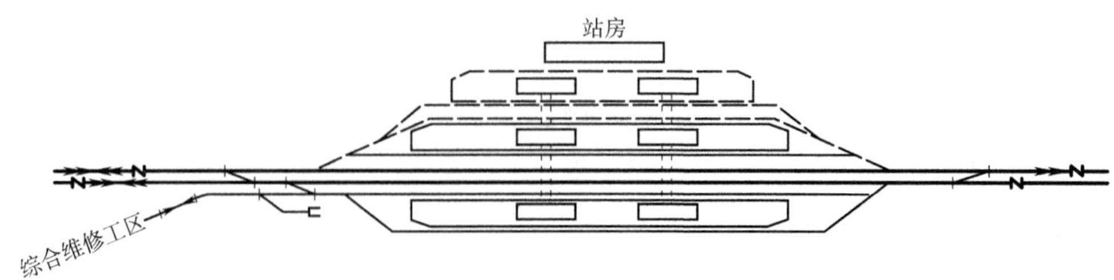

图 1-4　设有维修基地的高速铁路车站布置示意

(4)两台四线及其以上布置(图1-5)。这种布置一般设有4条到发线，2个中间站台，都衔接有动车段(所)和综合维修基地，与到发线直接联通，或经由跨线桥与正线立体相交。这种布置图适应于运量较大的高速列车到发站。

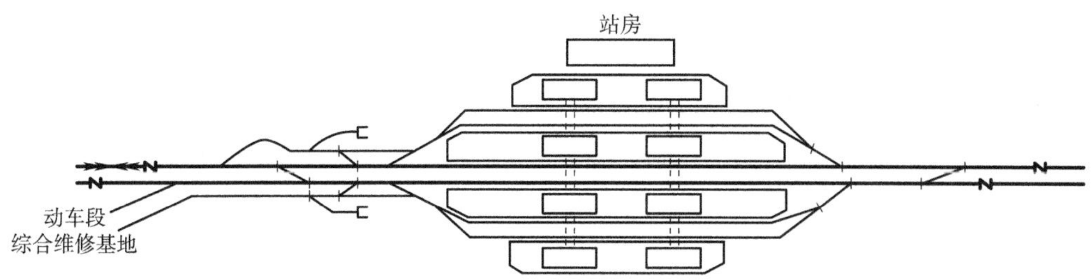

图 1-5　两台四线以上布置示意

2. 车站横断面布置

(1)高架下车站横断面布置如图 1-6 所示，线路在车站站房之上部，站房地面高程与地表高程一致，上车旅客须经自动扶梯上高架线乘车，高架下车站候车室在铁路线路下面。这种车站适用于客流量较小的高铁站，如镇江南站、常州北站、渭南北站等，站房一层为候车区及设备管理用房，位于铁路桥下，二层为站台层。

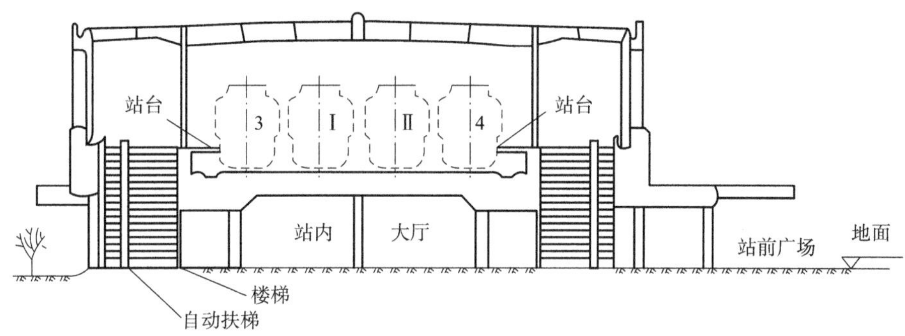

图 1-6　高架下车站横断面布置示意

(2)高架上车站横断面布置如图 1-7 所示，线路在车站站房之下，轨底高程与地表高程一致，进出站旅客须由站房经自动扶梯上、下站台乘车或出站。

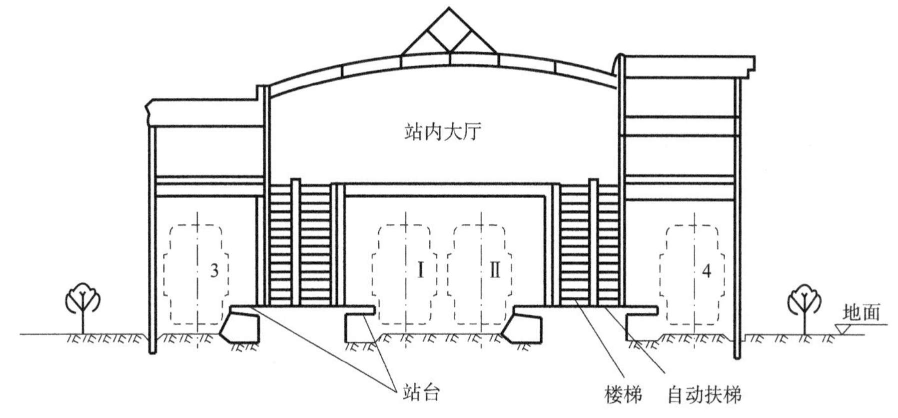

图 1-7　高架上车站横断面布置示意

高架上车站也叫跨线式车站，其候车室称为高架候车室。虽然成倍增加了检票口(闸机)的数量，但是可以提高旅客的候车质量，有效避免旅客误乘，减少检票及站台工作人员的组织工作量。国内大多数大型高铁车站均采用这种形式，如北京南站、西安北站、兰州西站等。

(3)地下车站横断面布置如图 1-8 所示，车站站房与线路全部都设在地下，站房位于线路的上方，有利于穿越市区，不干扰城市交通。采用这种横断面布置的车站有八达岭长城站、香港西九龙站、大兴机场站等。

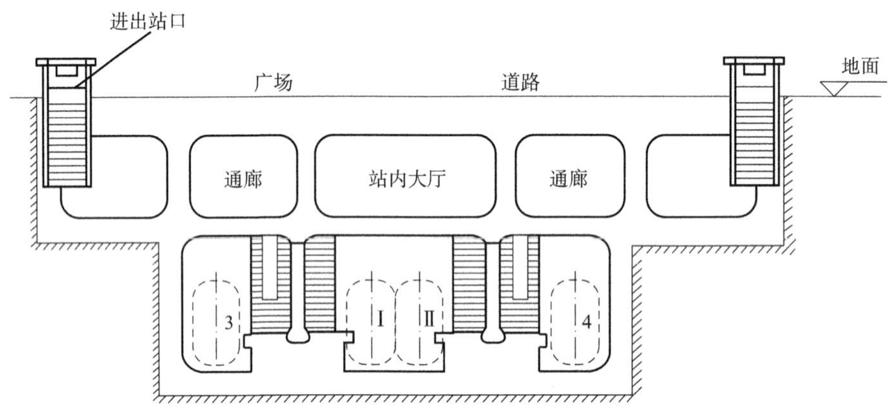

图 1-8　地下车站横断面示意

1.2.2.2　既有客站高速车场与普速车场的布置

1. 高速列车与普速列车共用车场

高速铁路在枢纽前方站与既有铁路合并列入枢纽，利用既有铁路进入既有客运站。高速列车与普速列车共用客运车场的股道，如图 1-9 所示。

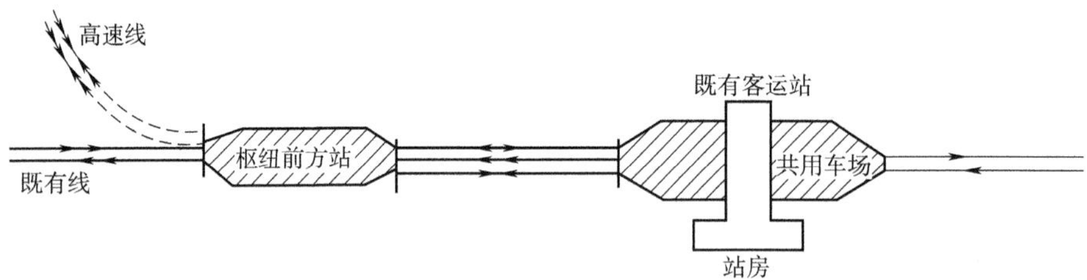

图 1-9　高速列车与普速列车共用车场的布置方案

高速列车与普速列车共用车场大大节省了建筑费用，但由于高速铁路系统与普速铁路系统旅客列车作业的交叉干扰，导致行车指挥与车站作业组织较为复杂。

2. 高速列车与普速列车分设车场

(1)高速车场与普速车场等高设置在同一平面内

①尽端式车站等高分设车场如图 1-10 所示，高速铁路与既有普速铁路并行引入既有尽端式客运站，将靠近既有主站房一侧的既有到发线和站台仍作为普速列车车场，供接发普速列车用；将另一侧的到发线和站台则改造为高速列车车场，必要时可在该侧进行扩建，新建副站房，主副站房之间采用高架天桥和地道相连，供旅客进出站和换乘。两车场在进站咽喉处均设有

渡线，方便高速动车组进出动车段（所）和普速列车进出客车整备所。这种布置适合于以办理始发、终到高速列车为主的车站。

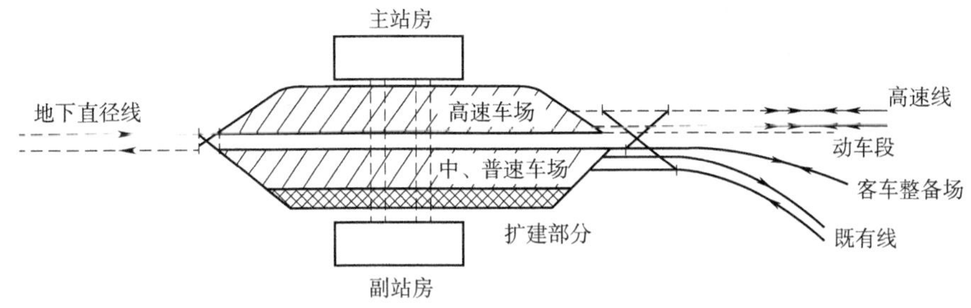

图 1-10　尽端式车站等高分设车场布置示意

②通过式车站等高分设车场如图 1-11 所示，高速铁路与既有普速铁路并行引入既有通过式客运站。靠近既有站房的既有到发线和站台供普速列车使用；远离既有站房对侧一侧，通过扩建将高速车场与普速车场横向布置，使用天桥和地道连通，供高速列车旅客进出站。两车场咽喉处设有渡线。这种布置适用于以通过高速列车为主的车站。

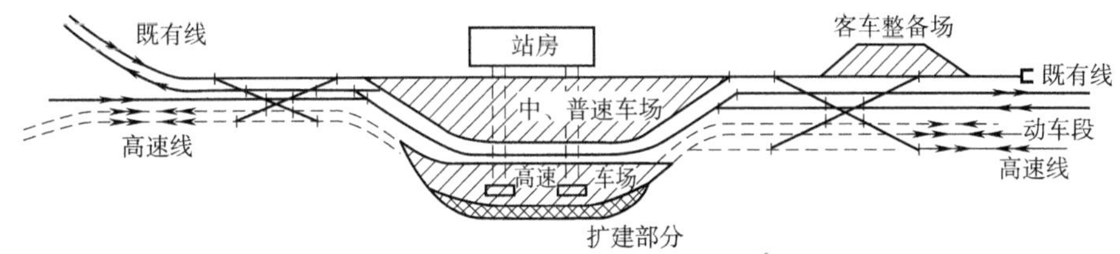

图 1-11　通过式车站等高分设车场布置示意

（2）高速车场设在既有站上方

高速车场高架断面如图 1-12 所示，高速铁路高架引入既有铁路客站，在其上方高架设置高速列车车场，负责接发高速列车。车站下方的地面站则作为普速列车车场，负责普速旅客列车的始发、终到和需停站通过的各项作业。上下两车场间有联络线相连，便于高速列车上下既有铁路。高速铁路客流通过连接地面站的自动扶梯上下高架候车室、进出站和换乘，普速铁路客流则通过地面和地下的通道进出站。

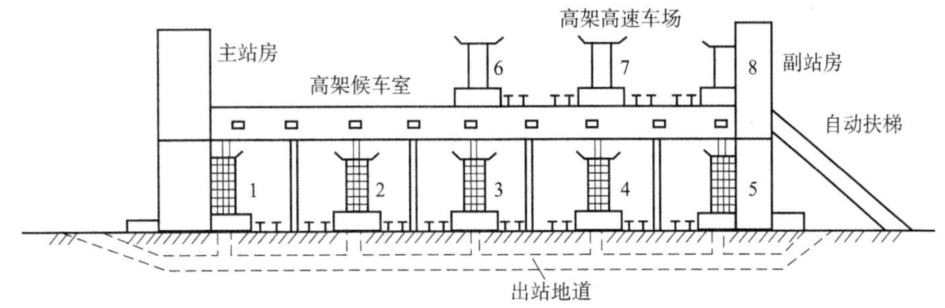

图 1-12　高速车场高架断面示意

1～5 站台—普速列车站台；6～8 站台—高速列车站台

(3)高速车场设在既有站下方

地下设高速车场断面如图1-13所示，高速铁路从地下引入既有铁路客站，在既有客站地下新建高速车场，用于接发高速列车；既有客站改造成为普速列车车场，用于普速旅客列车的始发、终到和需停站通过的各项作业。两车场间有联络线，方便高速列车上下既有线。高速铁路客流通过地面副站房的高速候车室进站，然后经自动扶梯或地道出站。普速客流铁路通过地面主站房普通候车室上下车，然后经地下通道出站。

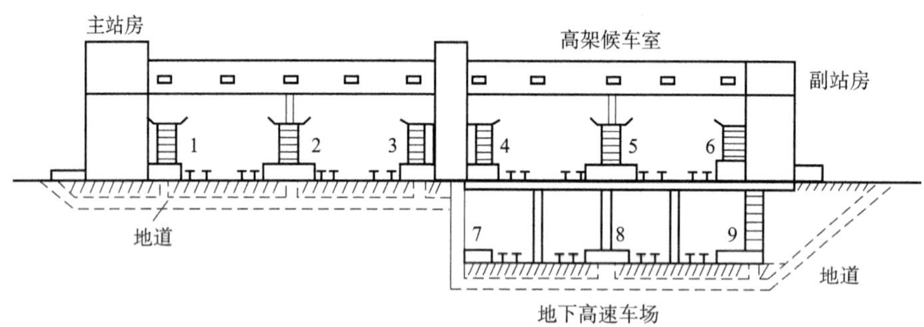

图1-13 地下设高速车场断面示意

1～6站台—普速列车站台；7～9站台—高速列车站台

(4)高速车场与普速车场咽喉互不连通

高速铁路引入既有客运站，分别设置高速车场、普速车场，两个车场的咽喉互不连通，高速线直接引入高速车场，普速线直接引入普速车场，都不能直接进入对方车场，形成两个互不干扰，互相独立的系统，如图1-14所示。这种布置仅适用于跨线旅客列车不上、下高速铁路的车站。

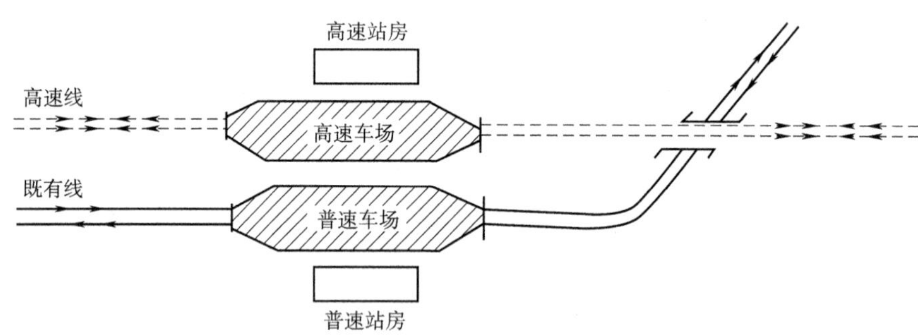

图1-14 高速车场与普速车场互不连通布置示意

1.3 高速铁路车站技术设备

为了完成旅客列车和动车的各项行车技术作业，保证迅速有序地完成旅客运输任务，高速铁路车站应根据其技术作业特点和作业量的大小来配置相应的技术设备。各站的技术设备主要包括站场线路设备、客运设备、信号设备、接触网设备等。

1.3.1 站场线路设备

高速铁路车站内除设有正线外，还根据业务性质、运量大小及技术作业的需要等设有站线及安全线。

1. 正线

正线是指连接车站并贯穿或直股伸入车站的线路，主要供列车不停车通过时使用。车站内相邻正线间的线间距应与区间正线相同，且不应小于 4.6 m，曲线地段可不加宽。正线道岔两端与竖曲线起、终点或变坡点的距离不宜小于 20 m。

有动车组列车以外的旅客列车上线运行的高速铁路，在动车组列车运行时段，除动车组列车、旅客列车车底及本务机车外，车站正线不应停留其他机车车辆。仅运行动车组列车的高速铁路，在动车组列车运行时段，车站正线不应停留动车组列车以外的其他机车车辆。

2. 站线

高铁站线主要有到发线、折返线、动车组走行线、站内渡线等。

(1)到发线

到发线是车站内用于办理旅客列车到达和出发作业的线路，一般设在平道上。

高速铁路到发线有效长度应按动车组列车编组长度和列控系统要求计算确定。贯通式高速铁路车站的到发线有效长度一般不得小于 650 m，其中包括 16 辆动车组编组列车站台长度(450 m)、安全防护距离(2×95 m)、警冲标至绝缘节距离(2×5 m)；尽端式车站和单方向接发列车的到发线有效长度应按列车编组长度和列控系统要求计算确定。

高速铁路车站到发线数量应根据车站办理的旅客列车对数、客流量和运输性质确定，还应满足高峰时段列车密集到发的需求，主要因素有：

①车站在高速铁路网上的位置和衔接方向。

②车站办理的技术作业性质和车站承担的作业量。

③车站设备规模数量和布置要求。

④综合检修段(区)、动车段(所)等设施与车站间联络线(或走行线)的数量和接轨位置。

⑤车站周边地形、地貌以及地质条件。

一般情况下，越行站设 2 条到发线，中间站设 2～4 条到发线，始发(终到)站到发线数量可参照表 1-1 确定。

表 1-1　始发、终到站到发线数量参照表

列车换算对数	到发线数量(条)
70 及以下	5
71～110	6～8
111～150	8～10
151～190	10～12

注：(1)表中到发线数量的范围，可按换算列车对数的多少对应取值。

(2)列车对数的换算系数下：始发终到高速列车(出入段)为 1.0，始发终到高速列车(立即折返)为 0.9，停站的通过高速列车为 0.7。

(3)以始发、终到列车为主，仅有少量不停车通过列车的始发站上的正线，可适当考虑按到发线使用。

(2)折返线

有大量立即折返列车作业的车站，宜在接车方向末端设置折返线。正线通过列车较多时，应设置立交折返线。折返线的设置应符合下列规定：

①折返线有效长度应根据动车组的编组长度计算确定。动车组采用16辆编组时，折返线有效长度不应小于480 m。

②折返线宜设在直线上，困难条件下可设在曲线半径不小于600 m的曲线上。

③折返线宜设在平道上，困难条件下可设在不大于6‰的坡道上。

④折返线与车站咽喉连接的线路，平面曲线半径不应小于300 m，坡度不宜大于30‰，困难条件下不应大于35‰。

(3)动车组走行线

与动车组运用所(动车所)、动车段相连接的车站应设置动车组走行线。动车组走行线一般为双方向进路，在站内接轨，与正线疏解时宜采取下穿正线方式通过。动车组走行线的最大坡度不宜大于30‰，困难条件下不应大于35‰。当动车组走行线的最大坡度大于30‰时，宜铺设无砟轨道。

(4)站内渡线

一般情况下，正线为双线双方向行车。但在一条正线封锁施工时，另一条正线可能作为单线运行，空闲的反方向正线也可利用放行越行列车。另外，为保证列车或线路维修机械在上、下行正线间灵活转线，需在车站两端设置连通两正线的站内渡线。车站咽喉两正线间渡线的设置应符合下列规定：

①始发站两端咽喉应各设两条单渡线组成“八”字渡线或交叉渡线。

②有始发终到列车作业的中间站，其发车作业端咽喉应两条单渡线组成“八”字渡线，无发车作业端咽喉宜设一条单渡线。

③其他车站两端咽喉宜各设一条单渡线组成“八”字渡线，“八”字渡线的朝向宜结合维修车间(工区)的位置确定。

④无维修车间(工区)的车站与两端相邻车站均较近时可不设渡线。

(5)联络线

站内疏解区的高速铁路之间、高速铁路与普通铁路之间均需设置联络线。

3. 安全线

安全线是为防止列车从一进路进入另一列车或机车车辆占用的进路而发生冲突的一种安全隔开设备。

联络线、动车组走行线与站内正线接轨时应根据列车运行方向设置安全线，与到发线接轨时可不设安全线。维修工区(车间)等线路与到发线或其他站线接轨时，应在接轨处设置安全线。有折返列车作业的中间站，且有动车组长时间停留的到发线两端应设置安全线。接车线末端、接轨处能利用其他站线及道岔作为隔开设备并有联锁装置时，可不另设安全线。

引向安全线的道岔除使用、清扫、检查或修理外，均须保持向安全线开通的位置。安全线上禁止停留机车车辆。安全线可不设置车挡表示器。

到发线接车方向末端设置安全线的作用为：当同方向进站列车失控时(如失去制动力等)，

利用安全线与正线隔开，从而保证后续通过列车的安全。另外，可使到发线的延续进路不进入正线范围，提高通过能力。

安全线设置应符合下列规定：

①安全线的有效长度不应小于 50 m。

②邻靠正线和到发线的安全线宜采用远离相邻正线和到发线的曲线型布置，并应设置双侧护轮轨。

③安全线的纵坡应为平道或面向车挡的上坡道。

④安全线尾部不宜设置在桥梁上和隧道内。

⑤安全线尾部应设置车挡和缓冲装置，路基地段安全线尾部还应设置止轮土基。

1.3.2 限界要求

车站内的主要建筑物和设备至线路中心线之间需要满足一定的间距，以保证车站行车和作业安全。

1. 车站内线路直线地段

直线地段的主要建筑物和设备至线路中心线的距离应符合表 1-2 的规定。

表 1-2 主要建筑物和设备至线路中心线的距离

<table>
<tr><th>序号</th><th colspan="3">建筑物和设备名称</th><th>至线路中心线的距离(mm)</th></tr>
<tr><td rowspan="3">1</td><td rowspan="3">跨线桥柱、天桥柱、电力照明和雨棚等杆、柱边缘</td><td colspan="2">位于正线一侧</td><td>≥2 440</td></tr>
<tr><td colspan="2">位于站线一侧</td><td>≥2 150</td></tr>
<tr><td colspan="2">位于站场最外站线的外侧</td><td>≥3 100</td></tr>
<tr><td rowspan="3">2</td><td rowspan="3">接触网柱边缘</td><td rowspan="2">位于正线一侧或站场最外线路的外侧</td><td>无砟</td><td>≥3 000</td></tr>
<tr><td>有砟</td><td>≥3 100</td></tr>
<tr><td colspan="2">位于站线一侧</td><td>≥2 500</td></tr>
<tr><td rowspan="2">3</td><td rowspan="2">旅客站台边缘</td><td colspan="2">位于站线一侧</td><td>1 750</td></tr>
<tr><td colspan="2">位于正线一侧</td><td>1 800</td></tr>
<tr><td>4</td><td>连续墙体、栅栏、声屏障边缘</td><td colspan="2">位于正线或站线外侧（无人员通过）</td><td>路基面外</td></tr>
</table>

注：(1)站台位于正线一侧、无列车通过或列车通过速度不大于 80 km/h 时，站台边缘至线路中心线的距离采用1 750 mm。

(2)有砟轨道线路考虑大型养路机械作业时，路基地段杆柱内侧边缘至正线线路中心的距离不应小于 3 100 mm。

(3)接触网柱内侧边缘至线路中心的距离，困难条件下：位于正线一侧不应小于 2 500 mm，位于站线一侧不应小于 2 150 mm。

(4)栅栏边缘至线路中心的距离尚应不小于栅栏距地面的高度加 2 440 mm 之和。

2. 车站内线路曲线地段

根据正线或站线类别的不同，各类建筑物和设备至线路中心线的距离，应考虑因超高产生车体倾斜对曲线内侧的限界加宽。曲线上建筑限界的加宽办法、范围与普速铁路标准相同。正线则按式(1-1)进行加宽：

$$W=H\cdot gh/1\ 500 \tag{1-1}$$

式中　W——曲线内侧加宽值，mm；

H——轨顶面至计算点的高度，mm；

h——外轨超高值，mm。

曲线上建筑限界的加宽范围，包括全部圆曲线、缓和曲线和部分直线，采用图 1-15 所示阶梯加宽方法。

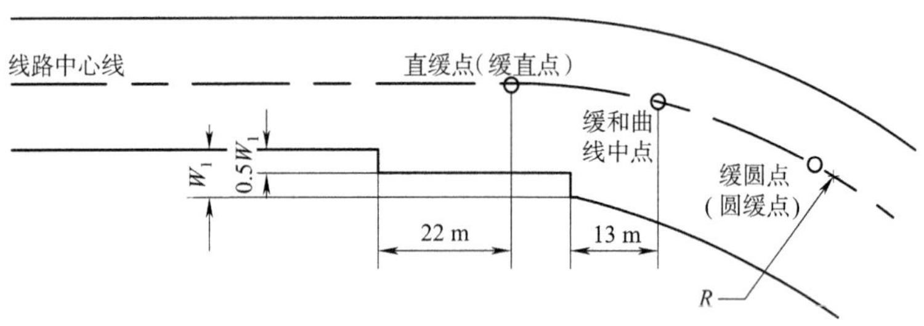

图 1-15　高速铁路建筑接近限界的曲线加宽方法

位于曲线内侧的站台，如线路有外轨超高时，应降低站台高度，降低的数值为 0.6 倍外轨超高度。

3. 相邻线路线间距

站内两相邻线路中心线的线间距应符合表 1-3 的规定。站内两平行线路中心线间的距离，一方面要满足建筑限界或者机车车辆限界的要求；另一方面还要满足车站平面布置和两线间设置有关设备或者保证作业活动安全的需要，与正线之间的距离还需要考虑列车交会运行时会车压力波的影响等。

表 1-3　相邻线路中心线线间距

序号	线　　别	线间设施		最小线间距(mm)
1	正线间	无		同区间正线线间距，并不小于 4 600
2	正线与相邻到发线	无		5 000
		接触网支柱	有砟	5 600＋结构宽
			无砟	5 500＋结构宽
		雨棚柱		4 590(5 250)＋结构宽
3	到发线间或到发线与其他线间	无		5 000
		有站台		3 500＋站台宽
		接触网支柱		5 000＋结构宽
		雨棚柱		4 300＋结构宽
4	正线与其他线间	无		5 000
5	正线与动车走行线间	无		5 000

注：括号内数字为正线有大型养路机械作业需要的宽度。

1.3.3 客运服务设备

高速铁路客运站,应根据客运量设有购买车票、办理行李包裹、候车、问询、引导、广播、时钟、携带品寄存,以及为旅客服务的文化、卫生及生活上的必要设备。根据规定还应设置实名制验证和制证设备、安全检查设备、客运信息查询设备、视频监控设备、行李包裹到达查询设备、垃圾存放设备、消防设备等,根据需要设置电梯、自动扶梯、无障碍通道和相应的助残设施、污物处理、自动售检票和取票设备等。

1. 旅客站房

站房是客运站的主体,包括候车室、售票大厅、文化生活、商业和办公用房等,应根据具体条件布置。在大城市,要结合城市总体规划和城市交通的衔接方式,经技术经济比较,设计为多层立体式站房。

2. 旅客站台

旅客站台的设计宽度主要与列车上下车的乘客人数、乘客上下车的速度、站台候车人均所需面积、波动系数等因素有关。高速铁路列车行车密度较大、定员少,分摊到每列车的上下旅客人数相对少于普通铁路列车。

(1)旅客站台的设置规定

①站台不宜邻靠正线设置;邻靠正线设置时,列车通过速度不应大于 250 km/h。

②站台邻靠正线设置,列车通过速度大于 80 km/h 时,应在距离站台边缘 1.5 m 处设置站台安全标线,必要时在距离站台边缘 1.2 m 处设置安全防护设施;列车通过速度不大于 80 km/h 时,应在距离站台边缘 1.0 m 处设置安全标线。

③站台位于到发线一侧时,应在距离站台边缘 1.0 m 处设置站台安全标线。

④站台应布置在车场居中位置。

⑤站台宜设在直线地段,困难条件下站台可伸入曲线地段。

(2)旅客站台的设计规定

①站台长度应按 450 m 左右设置。

②站台高度应高出轨面 1.25 m。

③站台宽度应综合考虑车站性质、站台类型、客流密度、安全退避距离、地道或者天桥出入口宽度等因素,一般情况可按表 1-4 确定。

表 1-4 旅客站台宽度

名称	特大型站(m)	大型站(m)	中型站(m)	小型站(m)
站房或建筑物突出部分边缘至基本站台边缘距离	20.0~25.0	15.0~20.0	8.0~15.0	8.0
岛式中间站台	11.5~12.0	11.5~12.0	10.5~12.0	10.0~12.0
侧式中间站台	8.5~9.0	8.5~9.0	7.5~9.0	7.0~9.0

注:站房或建筑物范围以外地段的基本站台宽度不应小于侧式中间站台宽度。

④站台位于曲线地段时,站台端部最小宽度不宜小于 5.0 m。

⑤站台两端应设置台阶，有特殊要求时可设置坡道；站台两端应设置防护栅栏和宽度不小于 1.0 m 的栅栏门，并设置禁止通行标志。栅栏的设置位置应符合建筑限界的规定。

3. 雨棚

为使旅客不受日晒雨淋，保证旅客能安全、方便地在站台上行走和乘降列车，在多雨地区客运量大的高速铁路车站，需要设置站台雨棚、天桥走廊雨棚、连接进出站检票口雨棚。地道出入口无论在任何情况下，均应设置雨棚。

雨棚的长度应与站台长度相同，雨棚的宽度不应小于站台宽度。站台雨棚的高度、檐口高度必须符合现行的《标准轨距铁路建筑限界》规定。雨棚内悬挂物下缘至站台面的高度，不应小于 2.8 m。站台雨棚屋面多采用内排水管道，将水引入站台外的线路间排水系统。另外，还需处理好强、弱电线的铺设。

4. 进出站通道

进出站通道的类型、数量和位置对高速铁路车站内的客流组织有着重要的作用。其配置应综合考虑车站站型、客流量大小、站房的相互位置等。

按通道与站内线路的立交关系可分为天桥和地道两种。

天桥的优点是造价经济，修建时受水文地质条件影响较小、扩建方便，对行车干扰少，且排水、采光、通风效果较好。缺点是起落高度大，不方便旅客，在站内易遮挡列车作业人员的视线，斜道占用站台面积较多，不便战备。

地道的特点则恰好与天桥相反。因此，天桥的使用效果不如地道好，通常优先采用地道。

(1)旅客进出站通道的设置规定

①旅客进出站通道数特大型站不应大于 3 处，大型站不应少于 2 处，中型和小型站不应少于 1 处；设有高架候车室时，出站通道不应少于 1 处。

②旅客进出站通道的最小宽度应符合表 1-5 的规定。

表 1-5　旅客进出站通道最小宽度

单位：m

项　　目	旅客进出站通道		
	特大型站	大型站	中、小型站
最小宽度	12	8～12	6～8

③旅客站台的出入口宜设计为双向出入口，宽度应满足表 1-6 的规定。通道出入口设有自动扶梯或升降电梯时，其宽度应根据升降设备的数量和要求加宽。

表 1-6　旅客站台出入口宽度

单位：m

名　　称	特大型及大型站	中型站	小型站
基本站台、岛式中间站台	5.0～5.5	4.0～5.0	3.5～4.0
侧式中间站台	5.0	4.0	3.5～4.0

注：特大及大型站的旅客进出站通道出入口宽度已包括设置一部自动扶梯的宽度。

④既有客运站改扩建时，在符合使用功能和安全的前提下，可利用既有旅客进出站通道扩建。

靠线路侧旅客站台边缘至站台出入口或建筑物边缘的距离不应小于 3.0 m,困难条件下,中、小型站不应小于 2.5 m;改建既有站,其中最小一侧不应小于 2.0 m。

(2)作业地道的设置规定

办理物品搬运、垃圾清运和检修设备通行作业的车站应设置作业地道,一般不设置平过道。作业地道设置应符合下列规定:

(1)宽度不应小于 5.2 m。

(2)净高不宜小于 3.0 m。

(3)通向旅客站台的出入口,宜设计为单向出入口,宽度应不小于 4.5 m。

(4)应设置在站台的端部。

5. 票务服务设备

客运售票服务设备主要包括售票计算机(含显示器、键盘)、售票制票机、学生优惠卡识读器、二代身份证识读器、二维码扫描器和 POS 机等,同时售票窗口使用的计算机还需加装售票专用的汉卡。

(1)售票计算机。售票计算机要求安装 Windows XP 及以上操作系统和铁路客票发售与预订系统软件,满足售票员售票、退票、改签等操作功能。

(2)客票制票机。客票制票机接收售票计算机的指令,通过热转印头、碳带、票卷打印车票。目前,客运车站配置的客票制票机分为纸质车票制票机和磁介质车票制票机 2 种。

(3)学生优惠卡识读器。学生优惠卡识读器通过感应区自动读取学生优惠卡信息,自动或手工扣减或增加学生购票次数,实现学生票的规范管理。

(4)二代身份证识读器。二代身份证识读器通过身份证识读区自动读取旅客二代身份证信息,且二代身份证必须在此区域才能被正常识读。

(5)二维码扫描器。二维码扫描器通过扫描车票右下角的二维码还原车票信息,从而实现车票的改签、退票、验票等功能。

(6)POS 机。POS 机安装于自助售票机、退票窗口、改签窗口及车站售票窗口。POS 机小键盘用于旅客输入银行卡密码,打印口用于打印银行凭条。空白银行凭条安装在下面的小盒内。通过 POS 机可实现银行卡电子交易。

(7)自动售票机(图 1-16)。自动售票机又称无人售票机,是一种旅客自助服务的终端,操作和支付票费均由购票者自己完成。这类售票机的投资比普通窗口售票机大,其设备的可靠性和稳定性要求较高,需有一套严格鉴别旅客合法性和易于旅客掌握的操作流程。

自动售票机支付手段满足现金、储值卡、银行卡等的自动售票设备,并且票面制式满足储值卡、非接触式 IC 卡或磁卡等票的出票要求;可直接获取客运站或中心席位库的票源。自动售票机主要由终端控制模块、纸币识别模块、出钞模块、读卡器、打印机、视频采集(监控系统)、触摸屏显示器、客户键盘、电源、保险柜等功能模块和设备组成。

(8)自动检票机(图 1-17)。自动检票机是自动检验旅客车票的设备。随着电子客票的广泛应用铁路基本实现旅客自助检票、快速通关。

(9)购票信息单打印机(图 1-18)。购票信息单打印机设置于候室内、经票口附近,供放客自助查询其购票和席位信息。购票信上包含客的车次车、车厢、席位等信息,有需要的客候车期间自行刷证办理购票信息查询、打印功能。

图 1-16　自动售票机

图 1-17　自动检票机

图 1-18　购票信息单打印机

6. 车站安全监控设备

为保证车站的人员和财产安全，保护车站设备和国家财产免受损失，防止旅客违禁携带三品（易燃品、易爆品和其他危险品）进站，防止火灾、偷盗的发生，大型车站应设有自己的安全监控中心，及时采集各重要通道上的摄像机信息，便于工作人员掌握车站安全情况。一旦有非常事态发生，可及时自动采取灭火、排烟、隔离火源等措施，并有效地疏导旅客。大型车站内的旅客导向信息系统，是列车运行管理系统中的一部分，对车站安全起到辅助作用，通过向导显示板和广播，除提供日常服务信息外，还可提供事故信息告知，及时疏导旅客。

1.4　动车段（所）与综合维修基地的设置

高速铁路为了能高效有序地完成旅客列车的到发、客车车底的整备、检修、取送等作业，会选择部分客流量大、始发终到旅客列车数量多的车站，按其需要设置一些负责客车运营整备和检测、维修以及养护等的基地和管理区。这些功能区大多与车站毗邻而建，从车站出岔。

1.4.1　动车段（所）在高速铁路车站的设置

1. 动车段（所）的类型

（1）动车段。动车段配属一定数量的高速动车组，承担动车组日常运用夜间存放、备用车组长期存放以及客运整备作业，一级至三级修程的检修任务。一般应预留有进行大修的条件。

（2）动车运用维修所。动车运用维修所没有配属的高速动车组，承担派驻在本所高速动车组的日常运用、夜间存放、折返、客运整备、日常检查和一级修程的检修任务。

（3）动车运用所。动车运用所没有配属的高速动车组，仅承担外段动车组的折返停留、客运整备以及外段动车组的日常检查任务。

2. 动车段（所）设置的原则和要求

动车组运用所（以下简称动车所）是动车组进行日常运用维修的场所，其设立和撤销需经中国国家铁路集团有限公司(以下简称国铁集团)批准。动车所应设置在路网客运中心和始发终到客流较大的地区,其设置、建设、维护应符合相关规范、规定,满足快速检修、安全可靠、高效运营的技术要求。

(1)动车段(所)的分布及规模应根据高速列车的开行方案、担当的交路经计算后确定其工作量。一般以配属动车组套数、每日始发、终到的高速列车数及其承担的修程等因素来确定其规模。

(2)动车段(所)应设在有较多始发、终到高速列车始发终到站的适当地点,以节省动车组的出入段时间,并与城市规划密切配合有利于环境保护。

(3)动车段与车站的相互位置,可横向或纵向布置,纵向布置时,动车组出入段不必折返运行,作业流水性强,可以节省出入段时间横向布置时,动车组出入段不仅折角,且与正线交叉。

(4)车站与动车段(所)间有专门的回送线相连接,出入段次数较多时宜采用复线,并与高速正线立交疏解。出入段次数较少时,也可采用单线。

3. 动车段(所)内设备的布置方式

动车段(所)的主要设备有:到发兼停留线(场)、检修库(线)、台车检查设备及动车组清洗设备等。动车段(所)内主要设备的平面布置形式一般有纵列式和横列式 2 种。

(1)横列式布置。到发兼停车场与检修库横向排列,如图 1-19 所示,具有占地少,作业集中的优点;但检修车需折返运行,增加转线作业费用,且咽喉区有交叉干扰。当停车的动车组数较少(4～10 列)时可以采用这种布置。

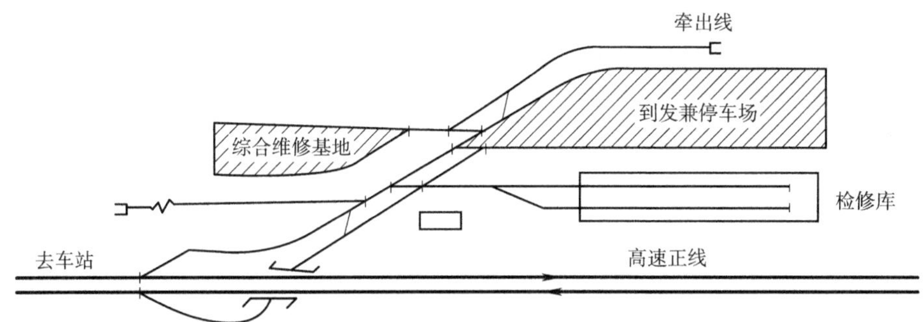

图 1-19 横列式布置示意

(2)纵列式布置。到发场兼停车场,与检修库纵向排列,如图 1-20 所示。可节省动车组转线作业时间,转线作业与到发作业互不干扰;但占地较长。当动车组到发列数较多时采用这种布置。

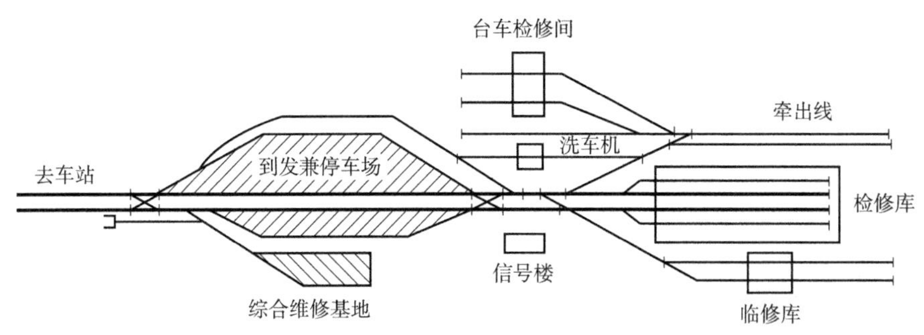

图 1-20 纵列式布置示意

目前已有的动车段，多为纵列式布置，如我国的北京、上海、广州、武汉动车段等。少数存车数量少的动车运用所，受地形限制影响，采用横列式布置，如法国的沙地翁动车段。

1.4.2　综合维修基地在高铁车站的设置

高速铁路的各项固定设备必须经常保持高质量工作状态，以确保列车安全运行。因此，设有各专业包括工务、电务、供电、房屋、给水排水等的维修基地。这些基地通常集中在一起，形成综合维修基地。综合维修基地分为设备更新基地和一般基地，设备更新基地配备有更新作业所需的保养用车和其他各种维修用的设备，一般基地配备有维修车中转用的待避线和平时用作业车的停留线。

1. 综合维修基地的分布原则

(1)综合维修基地应设在有较多始发、终到高速列车的发到站或中间站。

(2)在同一车站设置综合维修基地、轨电检测中心以及动车段(所)时，应尽可能设在一起，以节省用地。

(3)综合维修基地的分布应根据维修用车的实际作业时间、走行速度以及维修“天窗”时间等确定，一般以间隔 50 km 布点为宜。更新基地与一般基地应错开布置。

2. 综合维修基地的布置

综合检修基地在高速线上分布数量较多，并要求与车站或正线有便捷的通路连接，如图 1-21 所示。综合维修基地主要设备有：

(1)维修车停留线：供大型综合机械维修车、轨道检测车、材料搬运车等停放。

(2)材料装卸线、长钢轨运送更换车停留线：供维修材料(如道砟等)和长钢轨等装卸用。

(3)道砟装卸线。

(4)电气作业车、架线车停留线。

(5)检修车停留线。

(6)走行线、通路线及牵出线等。

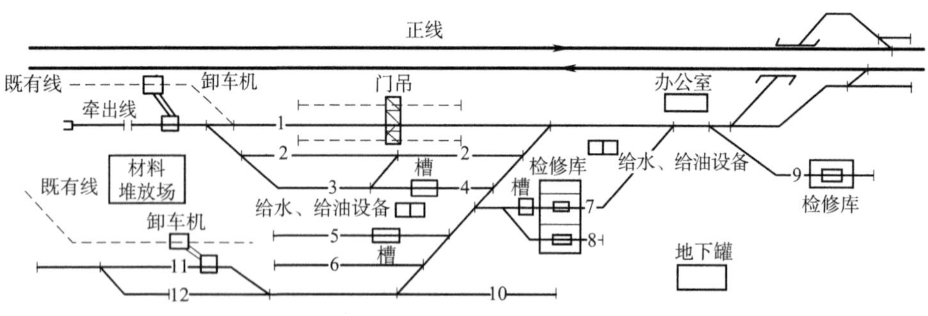

图 1-21　综合检修基地布置示意

1—材料装卸、长钢轨运送更换车停留线；2—走行线；3—架线车停留线；4—电气作业车停留线；5、6、10—检修机械停留线；7、8、9—检修库线；11、12—道砟装卸线

1.4.3　动车组的运用维修

动车组是铁路旅客运输的高速运载工具，动车组的运用维修工作是铁路运输的重要组成

部分，其维修质量直接关系到旅客生命财产安全和企业经济效益。坚持质量第一和为运输服务的原则，贯彻修、养并重，预防为主的方针，不断加强基础工作，完善运用维修管理制度，提供质量良好的动车组，是动车组运用维修工作的基本任务。

动车组实行以走行公里周期为主、时间周期为辅（先到为准）的计划预防修。动车组修程分为 5 级。一、二级检修为运用检修，在动车组运用所内进行；三、四、五级检修为高级检修，在具备相应车型检修资质的检修单位进行。高速铁路主型动车组检修周期见表 1-7。

表 1-7　高速铁路主型动车组检修周期

修程 车型	一级检修	二级检修	三级检修	四级检修	五级检修
CRH1A/1B	≤(4 000+400)km 或运用 48 h	另行公布	(120±10)万 km 或 3 年	(240±10)万 km 或 6 年	(480±10)万 km 或 12 年
CRH1E、CRH380D	≤(5 000+500)km 或运用 48 h				
CRH2A(统)/2B/2B/2G、CRH6A/6F	≤(4 000+400)km 或运用 48 h	另行公布	$60^{+2.5}_{-5}$ 万 km 或 1.5 年	120^{+5}_{-10} 万 km 或 3 年	(240±10)万 km 或 6 年
CRH2E、CRH380A(L)	≤(5 000+500)km 或运用 48 h				
CRH3C、CRH380B(L)/CL、BG、CRH5A/G、CRH3A	≤(5 000+500)km 或运用 48 h	另行公布	(120±12)万 km 或 3 年	(240±12)万 km 或 6 年	(480±12)万 km 或 12 年

1. 一级检修

一级检修是对动车组的车顶、车下、车体两侧、车内和司机室等部位实施快速例行检查、试验和故障处理的检修作业，须在动车所检查库内实施。

2. 二级检修

二级检修是对动车组各系统、零部件实施的周期性维护保养、检测、试验，不得漏项、超期。二级检修可采用扣车检修或结合一级检修的方式进行。

3. 三级检修

三级检修是在完成二级检修项目的基础上，更换转向架，并对更换下来的转向架及其主要零部件分解检修。

4. 四级检修

四级检修是对动车组各主系统进行分解检修、特性试验，必要时进行车体的涂漆。

5. 五级检修

五级检修是在完成四级检修项目的基础上，对动车组全车进行分解检修，较大范围地更新零部件，并进行车体的涂漆。

动车所承担动车组运用检修、整备等工作，涉及车辆、机务、供电、电务、客运、运输及造修企业的售后服务等部门（单位）。车辆部门应加强统一领导，结合各专业特点，不断优化完善作业流程，形成既分工负责、又协调联动的动车组运用检修整备一体化管理机制。

运用维修班组承担动车组一级、二级检修和车辆整备，负责动车组检查、维护、试验、故障处理；负责检修设备的操作及日常保养；处理外属动车组随车机械师填报的影响运行安全的重点故障和委托检修的项目。运用维修班组对检修范围内的质量安全负责。

动车所实行所长负责制。根据需要设置技术室、调度室等管理股室，设置一级检修组、二级检修组、临修组等直接生产班组及乘务队，设置设备组、材料组等辅助生产班组。动车所内其他专业班组设置，按其专业规定执行。二级检修组和临修组原则上实行专岗、专人、专修。铁路局集团公司应不断优化劳动生产组织，合理设置动车组检修班制和乘务方式。各部门（专业）按各自的检修标准承担相应安全和质量责任。

2 高速铁路车站日常生产管理

高速铁路车站的日常生产管理和既有铁路客运站的生产管理有相同的地方，又有很多不同之处。随着计算机技术、现代信息技术的广泛应用和铁路市场营销理念的巨大转变，高速铁路客运站的日常生产管理的手段更加现代化，更加注重服务质量和时间价值。

2.1 客票售检票工作

高速铁路车站售检票工作以自动为主，人工为辅。车站的客票销售是高速客运站的主要经营工作，也是客流组织和各项工作的基础。高速铁路客运客票发售的发展趋势为网上订购、电话预约、各代售点以及自动售票机售票等，车站内设置的窗口售票将会逐渐减少客票销售的比重。目前国内进行研制的自动售检票系统可为旅客提供及时、准确、快捷、方便的服务，为运营部门提供强大的客票业务综合管理功能。

1. 实现旅客的快速购票和及时进出站。
2. 为旅客提供方便、直观、简洁的购票手段。
3. 实现购票、检票、计费、收费、统计等全过程的快速联动。
4. 对票务、财务、客流集中统计及处理，并能实现系统设备的集中维护。
5. 具有高安全性，可减少售检票人员，进而降低运营成本。

高速铁路客运站在日常工作中，要充分发挥自动售检票系统的优势，合理地布局自动售票机，特别是在居民集中居住区、城市主要商业街道、大型超市或卖场、机关及学校等附近，及时更新自动装置的票源，使其和车票代售点有机结合，尽可能方便地满足居民出行买票。

网上预订票、电话预定票以及送票上门，是车站方便旅客购票的另一重要途径。当前，铁路已经开发了与车站客票管理系统相连的车票发售网站，高速铁路车站可以很好地利用这些平台，整合相关资源，做好相应配套服务。

车站售票大厅内除自动售票设施外，还有固定售票的售票窗口。车站固定售票窗口应以发售短途和当日车票为主，灵活发售中长途和非当日客票。

2.1.1 乘车凭证与乘车条件

1. 乘车凭证

铁路旅客列车车票集铁路旅客承运合同、乘车凭证、报销凭证等功能为一体，同时也是旅客加入铁路旅客意外伤害强制保险的凭证，实行实名制管理。目前，铁路部门发售有电子客票和纸质车票。

(1)电子客票:也称作“无纸化”车票,旅客购票后,铁路运输企业不再出具纸质车票。电子客票以电子数据替代纸制车票作为铁路旅客承运合同,实现了运输合同凭证电子化、乘车凭证无纸化、报销凭证按需提供,旅客可通过铁路 12306 网站(含铁路 12306 手机客户端)、实施铁路电子客票车站的售票窗口、自动售票机和铁路客票销售代理点(以下简称铁路代售点)购买。购买后,旅客应当妥善保管铁路电子客票信息及购票时所使用的有效身份证件,须持购票时所使用的有效身份证件进出站、乘车等。

(2)纸质车票:主要包括红色底纹的计算机软纸车票,浅蓝色底纹的计算机磁介质车票,列车移动补票机出具的车补票,代用票、区段票、客运运价杂费收据等。

除车票外,还可以持铁路乘车证乘车。铁路乘车证有 9 种:软席全年定期乘车证、硬席全年定期乘车证、硬席临时定期乘车证;软席乘车证、硬席乘车证、通勤乘车证、就医乘车证、便乘证、探亲乘车证等。

2. 乘车条件

旅客须按列车车票票面载明的日期、车次、席别乘车,并在票面规定有效期内到达到站。持通票的旅客中转换乘时,应当办理中转签证手续。持通票的旅客在乘车途中有效期终了、要求继续乘车时,应自有效期终了站或最近前方停车站起另行补票,补交手续费。定期票可按有效期使用至到站。除特殊情况并经列车长同意的外,持低票价席别车票的旅客不能在高票价席别的车厢停留。

2.1.2 车票的发售

1. 售票工作组织

高速铁路车站售票以自动售票为主,人工为辅。通过自动售票机,旅客可以方便地查询各次列车的售票情况,选择乘坐车次、座别、不同运输产品车等。不同客运公司间售票点都相互代售对方车票,并通过售出车票取得对方的代售费用。

售票窗口和自动售票机数量配置上要考虑旅客的消费习惯和适应能力,初期应设有较多的售票窗口和少量的自动售票机,并根据售票机购票旅客数量的增加而逐步增加售票机的数量,保持售票机排队旅客数量较窗口少或除高峰期外其他时段没有旅客排队,以引导旅客逐步接受自动售票设备。

高速铁路车站售票点的设置数量上需保留一定的弹性,控制好旅客排队的长度,尽最大可能降低旅客的排队时间。售票点的设置位置应尽量靠近综合大厅,并可考虑在综合大厅、旅客通道两侧、城际列车所在站台、与其他交通方式衔接位置上布设适量的自动售票机,以分担集中售票点的售票压力。以换乘为主的车站,在换乘站台或大厅也应设置自动售票机和少量的售票窗口。

2. 电子客票的发售

电子客票实行实名制购票,旅客凭有效身份证件原件或复印件线上、线下购买。线上主要是通过铁路 12306 网站或铁路 12306 手机客户端购票,可直接查询或自行下载、打印购票信息单;线下主要是通过车站人工售票窗口、自动售/取票机和铁路客票销售代理点购买。

旅客通过铁路 12306 网站购买的电子客票,可自行打印或下载购票信息单,也可在车站指定口或自动售/取票机打印。在车站购买电子客票的旅客可通过已实施电子客票车站窗口、车站自助售票机或自助席位办理终端打印获取购票信息单。在未实施电子客票车站，旅客无法领取购票信息单。

车站售票窗口、自动售/取票机和铁路客票销售代理点向旅客发售铁路试点车电子客票时，应提供购票信息单，不出具纸质车票，旅客须当场核对购票信息，发现有误时，应当场立即向售票人员提出。旅客还应按售票员或自动售票机提示提供购票人或乘车旅客的中国内地手机号码，核验通过后购票。旅客遇无法预留中国内地手机号码以及核验无法通过等特殊情况时，可在车站指定窗口购票。

购票信息单仅作为旅客购票的信息提示，不作为乘车凭证和报销凭证。旅客如需报销凭证，可于开车前或乘车之日起 60 日内，凭购票时所使用的有效身份证件原件获取。使用可识读证件购买电子客票的可以到车站售票窗口（含车站自动售/取票机）换取报销凭证，使用非可识读证件购买电子客票的只能到站售票窗口换取报销凭证。超过 60 日时通过铁路 12306 网站客服办理。

可识读证件是指可以通过实名制核验、检票闸机自助完成实名验证，进出站检票手票的证件，主要包括中华人民共和国二代居民身份证、中华人民共和国外国人永久居留身份证、中华人民共和国港澳居民居住证、中华人民共和国台湾居民居住证、台湾居民来往大陆通行证、港澳居民来往内地通行证等。

已实施电子客票车站办理学生票的售票、取票业务时，按规定核实相关证件，同时通过自动识读比对购票身份证件信息和学生购票优惠卡信息，完成本学年优惠资质采集关联工作。学生每学年须在车站完成一次优惠资质采集关联工作，以实现持身份证件在电子客票车站自助办理实名制验证和进出站检票手续。已实施电子客票车站办理残疾军人票的首次售票、取票业务时，按规定核实相关证件，同时通过自动识读比对购票身份证件信息和残疾军人购票优惠卡信息，完成优惠资质采集关联工作。残疾军人在车站完成一次优惠资质采集关联工作，后续出行即可持身份证件在电子客票车站自助办理实名制验证和进出站检票手续。购买学生票、残疾军人票的旅客，核验手续应当在开车前办理。

3. 电子客票的改签与退票

(1)改签、退票的程序

旅客使用电子支付方式通过车站售票窗口、自动售票机、铁路代售点和铁路 12306 网站购买的铁路电子客票，均可通过铁路 12306 网站或车站指定窗口办理改签、退票手续。在铁路 12306 网站注册且通过铁路 12306 手机客户端成功完成人脸身份核验的旅客，也可通过铁路 12306 网站办理其他人使用电子支付方式通过车站售票窗口、自动售票机、铁路代售点和铁路 12306 网站为其购买的电子客票改签、退票手续。

旅客使用现金方式购买或已打印报销凭证的铁路电子客票，可到车站指定窗口办理改签、退票手续；或通过铁路 12306 网站先行办理退票，自网上办理退票成功之日起 180 天（含当日），到铁路车站指定窗口办理退款手续。未实施电子客票车站购买的车票可通过车站窗口办理改签、退票手续，改签后为纸质车票。

已打印报销凭证的铁路电子客票办理改签、退票手续时，须收回报销凭证。旅客办理铁路电子客票改签为试点车电子客票后，可重新打印购票信息单。

在有运输能力的前提下，开车前 48 h（不含）以上，可改签预售期内的其他列车；开车前

48 h以内，可改签开车前的其他列车，也可改签开车后至票面日期当日 24:00 之间的其他列车，不办理票面日期次日及以后的改签；开车之后，旅客仍可改签当日其他列车。已经办理“变更到站”的车票，不再办理改签。

(2)改签、退票的费用

原车票使用现金购票的，新车票票价高于原车票时，补收差额；新车票票价低于原车票时，退还差额，对差额部分核收退票费并执行现行退票费标准(均为现金)。原车票在铁路售票窗口使用银行卡购票，或者在铁路 12306 网站使用在线支付工具购票的，按发卡银行或在线支付工具相关规定，新车票票价高于原车票时，请使用银行卡支付新车票全额票款，原车票票款在规定时间退回原购票时所使用的银行卡或在线支付工具；新车票票价低于原车票时，退还差额，对差额部分核收退票费并执行现行退票费标准，应退票款在规定时间退回原购票时所使用的银行卡或在线支付工具。

原车票在铁路售票窗口使用银行卡购票，或者在铁路 12306 网站使用在线支付工具购票的，按发卡银行或在线支付工具相关规定，新车票票价高于原车票时，请使用银行卡支付新车票全额票款，原车票票款在规定时间退回原购票时所使用的银行卡或在线支付工具；新车票票价低于原车票时，退还差额，对差额部分核收退票费并执行现行退票费标准，应退票款在规定时间退回原购票时所使用的银行卡或在线支付工具。

2.1.3 换票与挂失补办

1. 换取纸质车票

(1)在铁路 12306 网站购票后，遇以下情形，应在购票后、开车前换取纸质车票后进站乘车：

①使用居民身份证购票，但乘车站或下车站不具备居民身份证检票条件的。

②使用居民身份证购票，但进站检票时无法出示居民身份证原件或居民身份证无法在自动检票机上识读的。

③使用居民身份证以外的其他有效身份证件购票的。

④使用同行成年人有效身份证件信息购买儿童票的。

⑤购买学生票、残疾军人票的。

⑥按所购车票的乘车日期、车次在中途站进站乘车的。

(2)换取纸质车票时，应按如下方式办理：

①使用居民身份证购票的，可凭购票时所使用的乘车人有效居民身份证原件到车站售票窗口、铁路客票代售点或自动售票机上办理。

②居民身份证无法自动识读或者使用居民身份证以外的其他有效身份证件购票的，请凭购票时所使用的乘车人有效身份证件原件和订单号码，到车站售票窗口或铁路运输企业授权的铁路客票代售点，由售票员录入证件号码和订单号码并核实后办理。

③购买学生票的，请凭购票时所使用的乘车人有效身份证件和附有学生火车票优惠卡的学生证(均为原件)到安装有学生火车票优惠卡识别器的车站售票窗口或铁路客票代售点办理。换票时同时核对减价优惠凭证，并核减优惠乘车次数；不符合减价优惠条件的不能换票，所购车票可按规定办理退票。

④购买残疾军人票的，请凭购票时所使用的乘车人有效身份证件和“中华人民共和国残疾军人证”“中华人民共和国伤残人民警察证”“国家综合性消防队伍残疾人员证”(均为原件)到安装有优惠卡识别器的车站售票窗口办理。换票时同时核对减价优待凭证；不符合减价优待条件的不能换票，所购车票可按规定办理退票。

⑤购票后、换票前，有效身份证件丢失的，乘车人本人可凭载明原购票时使用的乘车人有效身份证件信息的其他有效身份证件或原发证机关出具的证明信，到乘车站铁路公安制证口办理临时乘车身份证明后，按②办理换票。

⑥有效身份证件信息、订单号码等经核实一致的，可以换票；不一致的，不能换票。

纸质车票票面载明旅客姓名和购票时所使用的乘车人有效身份证件号码，并标记“网”字。请妥善保管车票，保持票面信息清晰、可识读，并妥善保护票面身份信息。

换取纸质车票后，铁路电子客票失效，请凭纸质车票按现行规定办理改签、变更到站、退票以及进出站、乘车过程中的验证、检票、验票，不能再在铁路 12306 网站办理改签、变更到站、退票。也不能凭通知、电子邮件等在车站售票窗口办理改签、变更到站、退票以及在进出站、乘车过程中的验证、检票、验票。

2. 挂失补办

换取纸质车票后丢失车票的，请不晚于票面发站停止检票时间前 20 min 到车站售票窗口办理挂失补办。办理时，请提供购票时所使用的乘车人有效身份证件原件以及原车票乘车日期、购票地车站名称等信息，经车站确认无误后，请按原车票车次、席位、票价重新购买一张新车票。持新车票乘车时，请向列车工作人员声明；到站前经列车长确认该席位使用正常的，将开具客运记录。请在到站后 24 h 内，凭客运记录、新车票和购票时所使用的乘车人有效身份证件原件，到售票窗口办理新车票退票。车站按规定核收补票的手续费。超过规定时间提出的、原车票已经退票的或者已经挂失补办的，不能办理挂失补办。新车票不能改签或变更到站，但可以退票；退票时按规定核收补票的手续费。

2.1.4 检票工作组织

1. 检票模式

旅客有两种检票进站途径，一是自助检票闸机通道，二是人工检票通道[柱式检票机(半自助闸机)或车站手持移动检票终端]。与电子客票信息相关联的有效乘车证件原件即是乘车凭证。使用可自动识读证件购买铁路电子客票的旅客，凭购票时所使用的乘车人有效身份证件原件，通过自助检票闸机通道或人工检票通道完成进出站检票手续。

使用其他证件购买铁路电子客票的旅客，凭购票时所使用的乘车人有效身份证件原件，只能通过人工通道完成进出站检票手续。持儿童票以及大带小车票的旅客乘车时，须凭购票时所使用的本人或同行成年人的有效身份证件原件，通过人工通道办理进出站检票手续。

在铁路 12306 网站注册用户且通过铁路 12306 手机客户端成功完成人脸身份核验的旅客，购买电子客票后可凭铁路 12306 手机客户端生成的动态二维码，通过车站自动检票闸机办理进、出站检票手续。

自动检票机、柱式检票机、车站手持移动检票终端在识读旅客有效身份证件时所做的进站、出站记录分别为铁路旅客运输合同运送期间的起、止。

部分无旅服系统的车站可采用以下 3 种检票模式开展检票业务：

(1)旅客服务与生产管控平台(简称管控平台)控制模式，通过管控平台实现检票计划自动生成与检票设备集中管控。

(2)检票系统控制模式，通过检票系统管理程序人工编制检票计划并实现检票设备的管控。

(3)无计划检票控制模式检票，由检票人员登录柱式检票机或手持检票机，指定检票设备、指定车次开检。

2. 作业组织

检票前，需提前组织旅客按自助通道、人工通道分别排队。

(1)使用可自动识读证件购票的旅客，凭购票时所使用的乘车人有效身份证件原件，通过自助通道自动检票机检票进站。

(2)在铁路 12306 网站、铁路 12306 手机客户端的注册用户，通过成功完成人脸身份核验的旅客，购买电子客票后可凭手机动态二维码，通过自助通道(安装了动态二维码识读装置的)自动检票机检票或者人工通道进站。

(3)使用其他有效身份证件购票的旅客，凭购票时使用的乘车人有效身份证件原件，通过人工通道识读证件、系统记录检票信息后进站。

识读证件可输入有效身份证件号码、扫描购票信息单二维码、扫描手机动态二维码(乘车码)、扫描报销凭证二维码等方式进行。扫描购票信息单二维码、报销凭证二维码时，需要同时查验旅客有效身份证件。

(4)持儿童票或“大带小”车票的旅客在进出站、乘车时，须凭购票时所使用的本人或同行成年人的有效身份证件原件，通过人工通道完成实名制验证、进出站检票手续。

(5)办理核验手续后的学生、残疾军人旅客，在进出站、乘车时可凭居民身份证件自助办理实名制验证和进、出站检票手续。

(6)铁路工作人员有权在车站和列车核对持学生票、残疾军人票的旅客的减价优惠凭证。

(7)切换至电子客票模式后，自助闸机在检电子客票时，磁通道不再生效。

(8)旅客检票前车站工作人员应做好引导，自助闸机拥堵后请及时处理，引导旅客至柱式检票机检票或使用手持设备完成检票。

(9)乘车凭证是购票证件及手机动态二维码，证件不可识读时，可以扫描二维码快速完成检票。

(10)旅客证件不可识读，无手机动态二维码，还可以手工输入证件号码检票。

(11)人工检票时，必须使用柱式检票机或者手持设备检票。

持可自动识读证件、纸质车票的旅客，通过自动检票机检票出站。凭手机动态二维码出站的旅客，通过(安装了动态二维码识读装置的)自助通道自动检票机检票出站。

使用其他有效身份证件购票的旅客，凭购票时使用的乘车人有效身份证件原件，通过人工通道核验证件、系统记录检票信息后出站。

3. 常见问题

(1)自助闸机的二维码只可识读铁路 12306 手机客户端生成的动态二维码，人工手持检票一体机或柱式闸机则既可识读铁路 12306 手机客户端动态检票二维码也可识读静态二维码(车票二维码、发票二维码、购票信息单二维码)。

(2)自助闸机遇“大带小”证件(儿童使用同行成年人有效身份证件购票)时,闸机会出现报错,需要引导旅客到人工通道检票。人工检票通道使用柱式检票机通过识读旅客证件,查询到旅客购票信息后自动办理检票,其中全价票亮绿灯,优惠票亮黄灯。

(3)遇旅客检票口需要办理改签、退票时,人工检票口柱式检票机查询到旅客购票信息后,使用“回执”功能恢复车票为检票前状态(车站可根据需要开设柱式闸机回执功能,由于柱式闸机位置固定,旅客容易接触到,因此建议除特殊情况,不保留回执功能)。

(4)针对学生票、残疾军人票等优惠票,未经过资质核验的,需要进行特殊处理,优惠票并且未经过资质核验的会弹出对话框进行确认通过和禁止通行按钮(进站)、未经资质确认按钮(出站)。人工进行证件核验,核验后可以点击相应按钮进行操作。

(5)遇有改签票过闸机的问题,按如下办理:

①如改签新票是购票信息单或报销凭证,可刷证过闸。

②如改签新票是车票(有网字),可刷证过闸。

③如改签新票是车票(无网字),扫车票二维码+人工核证过闸。

(6)遇有公免签票不能过闸时,需要使用公免号码签免票,系统能查到免票资质时、且闸机设置允许免票票种过闸,可凭身份证刷证检票。

(7)持学生票旅客进站检票的方式,按如下办理:

①未采集学生优惠资质先网购车票的,必须先换票。换票成功的,享受电子客票服务,刷证进站检票。换票不成功的按规定进行补全,走人工通道检票乘车。

②已采集学生优惠资质后有效学年内购票的,所乘车次开通电子客票服务,可持身份证自助检票乘车;所乘车次未开通电子客票服务,则仍按原有方式购票乘车,且换票时不再检验学生优惠资质。

(8)遇有刷证无法通过自助闸机时,如无开检车电子票,身份证下无正开检的列车对应的电子票信息;无符合车开检,没有计划或计划未开检;无此电子票,身份证下无电子票信息等,应当引导旅客持票走人工、柱式检票机或手持设备扫描车票二维码,同时人工核查证件完成快速检票。

2.2 高铁车站票务工作

高速铁路售票组织在遵循业务规范的同时,紧密贴近行业领先技术,注重信息系统安全,尽最大可能发挥运能,满足旅客出行需求,保障旅客权益。

高速铁路客运组织的信息支持依托新一代客票系统,主要由三个管理层级组成,由上自下分别是中国国家铁路集团有限公司、铁路局集团公司、客运站段。

中国国家铁路集团有限公司负责定义动车组列车票价计算母表、车底标号、路网基础数据、计价方式,负责跨局动车组列车车底配备、客运发送量、客座率等相关数据的汇总统计,分析和规划路网列车开行方案,负责确定高速铁路列车的售票相关数据管理。互联网售票系统、银行系统、铁路站车交互系统、公安系统、清算系统等以中国国家铁路集团有限公司为接入点接入客票系统。

铁路局集团公司负责依照运行图组织售票数据,维护车次、票价等基础数据,负责窗口(代售点)、电话订票等多种售票方式与渠道的组织,监督局管内各售票渠道的车票发售情况,负责在突发状况下根据影响范围及现场实际情况协调、组织应急售票工作。铁路局集团公司需根据客票发售的相关生产数据进行销售分析,不断优化销售策略;负责管内动车组列车车底运用,并根据中国国家铁路集团有限公司确定的具体高铁直通列车,完成席位生成、共用、复用、定义调整、列车票额发售情况监控等工作。电话订票系统、自动售票系统、自动检票系统、营销系统以铁路局集团公司为接入点接入客票系统。

客运站段负责依照各铁路局集团公司制定的具体运能、列车停靠站、客票发售规章组织售票相关业务、应急售票组织等业务的开展,组织旅客乘降,并为旅客提供购票、换票、检票、候车、信息公告、语音发布、接送站、行李托运等相关服务。各车站负责窗口、客票代售点、自助设备等多种售票方式的现场工作,支持电话订票及互联网取票,并负责查询、检验票、应急售票、挂失补、登乘、进出站补票等相关业务办理。车站窗口通过铁路专网接入客票系统,代售点窗口是车站的扩展窗口,通过专线接入(拨号/宽带方式)或公网接入(目前已在部分铁路局集团公司应用)方式接入客票系统,可办理车站业务中的部分业务。

2.2.1 售票员接班、售票和交班作业

1. 接班作业的内容

(1)按时参加班前点名,了解列车运行情况及有关文电命令等业务事项。

(2)检查确认窗口售票及相关设备状况良好。检查确认售票资料备品齐全定位,卫生清洁整齐,符合标准。

(3)悬挂工号牌,按程序操作系统并确保准确无误。

2. 售票作业的内容

(1)问清日期、车次、到站、票种及张数。

(2)按旅客购票要求输入并告诉款数。

(3)收取票款及相关证件,并认真核实、清点,输入计算机。

(4)打印并取出软纸票。

(5)核对票面上下号及票价、到站、车次、时间是否正确。

(6)将车票及余额交给旅客。

3. 交班作业的内容

(1)按规定时间进行结账作业,向旅客公示交接班时间。

(2)分类清点票款,填写交款单,做到账款相符。

(3)清理工作台面,整理资料,打扫卫生。

(4)按规定时间完成交接班内容。

2.2.2 售票员岗位职责及作业标准

1. 售票员岗位职责

(1)在售票值班员的领导下,根据旅客需求按规定发售车票,办理改签、退票等业务。

(2)按时参加点名会,上岗前检查当日售票设备设施、仪容仪表等是否达到标准。

(3)严格岗位作业标准,按规定时间上岗、开窗,坚守岗位。按售票作业程序切实做好窗口

售票工作，正确、迅速地发售车票。

(4)严格按规定做好票据请领、保管、发放及使用工作。

(5)按规定办理中转、签证，正确统计中转、签证的流量流向。

(6)坚持全面服务、重点照顾原则，做好重点旅客中转签证，热情帮助旅客解决困难，耐心解答问题，语言规范，仪容整洁，标志明显。

(7)负责做好铁路乘车卡的发售、充值、退卡等工作。

(8)及时修改有关客运规章，按规定填写票据、报表，做到正确、清楚。

(9)熟练操作售票设备，检查自动售票机等售票设备情况，对发生的故障及时上报。

(10)熟练掌握非正常情况下应急售票流程，及时处理本岗位的突发情况。

(11)严格执行交接制度，妥善保管票据、现金，正确结算账目，按时填报有关报表，做到票、款、账相符。

(12)负责监督、检查作业区域的保洁工作质量。

(13)严格执行交接制度，正确填写交接簿。

(14)负责完成售票值班员交办的其他工作。

2. 接班的作业标准

(1)穿着统一制服，佩戴职务标志和胸卡，以淡妆上岗(女)，保持仪容整洁。

(2)按时参加点名会，听取班计划，接受上级命令、指示，掌握列车运行和客流情况，明确作业中的关键和重点事项。

(3)请领票据和找零备用金，整理售票相关备品。

(4)掌握当日生产任务、列车运行情况和车票预售情况。

(5)熟知本岗位安全风险点及防控措施。

(6)检查售票设备、备品、资料和岗位卫生情况。

(7)做好票卷、票据、备用金交接。核对制票机中票卷起号与客票系统内票号是否相符，检查备用票据起止号、备用金是否正确，确认无误后在交接簿上签字盖章确认。

3. 售票的作业标准

(1)核对窗口未售票卷起止号，点清储备票卷、备用金数量并进行登记，检查岗位卫生、设备、物品定位放置情况，发现设备故障时及时报告，签字确认。

(2)在窗口悬挂工牌号，开启售票计算机和制票机，进入售票程序，输入工号、密码，选择售票班次。核对制票机起票票号与售票程序显示票号是否一致。

(3)核对乘车旅客实名信息，购票人应持有效证件原件或复印件，如果购票人未携带证件，需在公安部门办理临时身份证。

(4)执行售票“六字”作业法，按旅客要求正确发售车票。

问，即问清旅客乘车日期、车次、发到站、席别、票种、张数(支付方式)等。

输，即输入旅客乘车日期、车次、发到站、票种、张数及席别。

收，即收取旅客购票款，认真清点并确认无假钞，将旅客购票款置于桌面(收取银行卡，确认真伪，按 Ctrl+4 组合键进入银行卡支付界面)。

做，即将旅客购票款输入计算机，并根据计算机找零显示点清找零款，打印软纸票(刷卡支付时，POS 机自动打印两联消费凭条，商户存根联交由旅客签字确认后由售票员收回，核对无误后打印软纸票)。

核,一是核对票面信息,发现废票时及时作废,并加盖"废"字章;二是复核找零款与票价之和是否与旅客购票款相符。

交,即将车票及余款(银行卡、持卡人存根联消费凭条)交给旅客并唱收唱付,将购票款商户存根联放入售票抽屉归类存放。

(5)窗口暂停售票时,应向旅客公示,告知旅客等候或在其他窗口购票;离开窗口时应退出售票界面,将票据、票款入柜加锁;调整窗口功能屏信息,显示"暂停售票"。遇兼岗离窗时,应提前 10 min 对外告知。

4. 签字的作业标准

(1)车票中转签字"五字"作业法。

接,即接过票证,审核票种、日期、发到站、经由、有效期间、有无涂改,确认无误。

问,即问清乘车日期、车次。

输,即将旅客签证要求日期、车次、到站、票种、座别、张数输入计算机。

取,即取出车票,复核票面、张数。

交,即中转签字应将原票、附加票一并递交旅客使用,始发改签应在收回原票、附加票后将换发新票递交旅客使用,同时唱报到站、张数。

(2)"六字"始发签证法

接,即接过车票,审核原票是否有效。

问,即问清旅客需改签的日期、车次、席别,确认是否符合改签条件。

输,即扫描原票,还原票面信息,确认原票无误后输入新票的日期、车票、席别。

做,即按系统提示退还或补收新旧车票票价差额,正确办理银行卡支付业务,打印软纸票。

核,一是核对新票票面信息,二是复核票价差额与新票价之和是否与原票票款相符。

交,将新票及余款(银行卡、持卡人存根联消费凭条)交给旅客,在原票上加盖印章,并将原票(商户存根联)收回放入抽屉归类存放。

(3)铁路乘车证签证时,按签证"四字法"作业。

接,即接过旅客乘车证、工作证和出差证,审核证件、日期、发到站、经由和有效期。

问,即问签证车次和日期。

做,即输入车次信息,唱收票款,制票打印,核对票号和票面其他信息。

交,即将车票和证件交给旅客。

5. 退票的作业标准

(1)看,即看清票号、日期、车次、发到站、票价、有效期间、改签日期、有无"行"字样等事项,确认有效。注意车票有无挂失、涂改、伪造,发现问题要问清车票来历、票价及退票原因。

(2)盖,即在票面上加盖"退"字戳记。

(3)输,即输(填)确认无误后,输入计算机(填写)退票报告。

(4)收,即收回退票,防止误交给旅客。

(5)核,即按计算机(退票报告)净退款额,核清现款后将现款和退票凭证一并交给旅客;取退款时,按面额从大到小正反复点,交付旅客时唱报清楚。

6. 挂失补的作业标准

(1)车票挂失补办应在不晚于车票票面发站停止检票时间前 20 min 办理,确认旅客身份、挂失车票信息,按原车票车次、席位、票价办理新票。

(2)在旅客到站后 24 h 内,根据旅客提供的客运记录、新车票、购票时所使用的有效身份证原件办理新车票退票手续。

7. 自动售票的作业标准

(1)班前准备。

①穿着统一制服,佩戴职务标志和胸卡,以淡妆上岗(女),保持仪容整洁。

②按时参加点名会,听取班计划,接受上级命令、指示,掌握列车运行和客流情况,明确作业中的关键和重点事项。请领票据、钱箱、找零备用金和凭条纸卷,准备相关备品。

(2)上岗作业。

①启动、调试自动售票机。做到操作正确,确保设备正常运行。

②加强对自动售票机的巡视,每小时要查看一次自动售票机后台管理系统,检查每台自动售票机的零币状态,及时补币并做好登记。

③监控自动售票机的使用情况,及时更换钱箱、票卷和凭条纸卷。做到更换及时、操作正确,确保自动售票机正常使用。

④巡查自动售票机的工作状态,发现异常情况及时处理。当故障无法处理时,立即通知设备维护员并做好记录。做到巡查到位,处理及时,记录完整。

⑤按时对自动售票机进行结账盘点作业。

⑥监督、检查作业区域的保洁工作质量。做到检查到位,卫生达标。

8. 银行卡业务的作业标准

(1)持银行卡购票时,售票员应确认 POS 机处于正常工作状态,并用本人工号(与售票系统工号一致)在 POS 机上签到;POS 机刷卡扣款成功后,打印两联消费凭条,一联由旅客签字确认后车站留存,另一联交给旅客。

(2)持银行卡办理改签时,始发改签后的新票票价低于原票票价时,按退票流程办理;始发改签后的车票票价高于原票票价时,必须先用银行卡支付全额票款,然后退还原票全额票款,打印出“消费凭条”和“退款凭条”,始发改签后的车票票价等于原票票价则不必刷卡。

(3)持银行卡办理退票时,售票员在 POS 机上刷卡,退款成功后,POS 机打印两联退款凭条,一联由旅客签字确认后车站留存,另一联交给旅客。

9. 取票的作业标准

(1)在人工窗口取网络订票时,应进入网络取票界面,持二代身份证可直接取票,持其他有效证件需输入订单号以及核对订票时所使用的有效证件原件或复印件可取票。

(2)在自动售票机取网络订票时,执行“三字”换票法:

接,即接过乘车人证件原件,确认真伪;进入互联网换票界面,读取二代身份证购票信息(或输入旅客购票证件号码及订单号,读取旅客购票信息)。

核,即核对票面信息,无误后打印车票(按规定收取异地票手续费或客票销售服务费)。

交,即将车票及证件交给旅客,并唱收唱付。

(3)在人工窗口办理电话取票时,售票员执行“五字”取票法:

接，即接过旅客的订票证件，确认真伪。进入电话订票取票界面，读取二代身份证订票信息(或输入旅客订票证件号码及订单号，读取旅客订票信息)。

收，即收取旅客购票款(或银行卡)，认真清点，确认无假钞，将旅客购票款置于桌面。

做，即将旅客购票款输入计算机，并根据计算机找零显示点清找零款，打印软纸票(刷卡支付时，POS机自动打印两联消费凭条，商户存根联交由旅客签字确认后由售票员收回，核对无误后打印软纸票)。

核，一是核对票面信息，发现废票时及时作废，并加盖“废”字章；二是复核找零款与票价之和是否与旅客购票款相符。

交，即将车票及余款(银行卡、持卡人存根联消费凭条)交给旅客并唱收唱付，将购票款(商户存根联)放入售票抽屉归类存放。

10. 交班的作业标准

(1)售票窗口结账时，应提前向旅客公示，及时调整窗口功能屏信息，显示“暂停售票”；先封款后结账，输入封款金额，退出售票程序，整理作废票据，填写交接班簿，签字确认，将票款按时上交。

(2)退票窗口结账时，应登记交清退票费报销凭证，将所借票款、余额输入计算机，上传数据，结账退出。

(3)妥善保管已退车票，核对已退车票顺序；将所有退票附于退票报告页内并及时上交。日班时，负责捆扎前个日班及日班所退的票据，装订退票报告。

(4)按规定进行作废票处理。核对作废票并登记。按规定签字。

(5)做到岗位卫生良好，物品定置摆放，设施设备齐全。

(6)交清重点事项，认真填写交接班簿。执行“五字”交班法：

关，即关窗停止售票，并将关窗停售信息提前15 min以上向旅客公告。

点，即清点票款、票据，留好备用金。

填，即将售票款输入计算机，填写解款单，整理废票、退票、始发改签原票、持卡人存根联等，使用客票系统的“交班”功能退出售票和退票程序，并按操作程序关机(先关闭售票计算机，再关闭制票机、显示器、POS机、二维码扫描器、二代身份证识读器、学生优惠卡识读器等其他设备)。

封，即将票款和解款单装入封袋，施封并签章。

交，即将票款及相关票据一同交给进款员签收。

2.3 客运服务工作及作业标准

2.3.1 客运服务工作

客运站的旅客服务工作，主要包括旅客查询，随身物品的暂存，候车厅环境、饮水、卫生，贵宾候车室服务，站内便利店设置，残疾人或孕妇的协助，突发事件的应急处理等。凡是涉及旅客在站内需要的服务，都应该成为车站旅客服务工作的范围。车站应配备适当的服务人员、警务人员以及助勤人员，各尽其职，保障站内站外旅客安全、有序地进出站、候车以及及时上下车。

车站通过电子显示牌、广播信息、标识设置等为旅客的进出站提供指引，通过监控系统及时预防不利于旅客的事情发生。

2.3.1.1　生活服务

生活服务主要包括问询、寄存、行李托运、特殊服务等。

1. 问询处应设在旅客集中的进出站口、综合大厅、站前广场等处。解答旅客有关购票、乘降、中转、集散等方面的问题。为加强服务的亲和力，一般考虑以人工服务为主的形式进行。

2. 寄存处需要设置在旅客顺路办理的地点，高速铁路车站最佳设置地点应在综合大厅。寄存可分别采用自动化设备(密码箱等)与人工服务的方式，方便旅客选择。

对于旅客随身携带的大件行李应提供行李车，方便旅客搬运。行李车的位置可放在进站口某一侧，供旅客自由使用。回收则可考虑由保洁人员完成。

3. 某些特殊旅客，如老人、孕妇、残疾人等除硬件设施的保障外，还需要专门的服务人员提供专门的服务，如为行走不便的老人提供轮椅等。

4. 提高铁路客运组织效率和质量，离不开城市交通工具的有效衔接，两者的系统整合将大大提高客运组织工作的效率，提高铁路客运市场的竞争力；反之，就会出现旅客进站难和出站难的问题，影响铁路旅客乘降组织工作的顺利进行。因此，铁路客运系统必须充分考虑与城市交通枢纽的衔接和协调，特别要注意与各城市的地铁、轻轨等城市轨道交通工具的衔接配合，使铁路客运站成为城市公共交通换乘中心，实现零距离或短距离换乘。

如天津市在建设津滨轻轨和规划新地铁线路时，充分考虑了与铁路天津车站的衔接和配合，将天津车站设计为整个天津市城市交通的枢纽，有利于实现铁路客运与城市交通的系统整合。又如北京市在规划地铁 4 号线时，通过微调线路走向新增了北京南站站点。这些措施对疏解铁路车站城市交通拥堵和提高铁路客运组织效率发挥关键性的作用。

2.3.1.2　随身携带品暂存处工作

随身携带品暂存处是为旅客临时寄存物品的地方，最好能使旅客顺路办理暂存手续，给上车前和下车后的旅客创造便利条件。

2.3.1.3　候车室服务工作

候车室是旅客大量聚集等候上车的地方，室内应设有一定数量的座椅，并有足够的通路，保证室内整洁，空气流通，其他服务设施大部分应设在综合大厅，候车室内可按需要设置少量的服务项目，如可以考虑提供电视、报刊、饮水、信息发布等。

母婴候车室应与一般候车室隔开，室内保持安静、温暖和舒适，备有儿童休息的小床及图片玩具等，服务人员应保证母子优先乘车。

候车室服务人员应经常宣传安全及旅行常识等，及时通告列车到开及检票上车时刻，主动热情地为旅客服务，解决他们旅行上遇到的困难。

2.3.1.4　安全检查工作

国外高速铁路大部分不进行安全检查，而我国出于安全考虑，车站设计中都加设了安全检查装置。一般将这些安全检查装置置于进站口，要设置足够数量，避免出现普通铁路安检仪成为能力限制地点的现象。安检装置平时可不全部开启，视客流量的大小和不同列车种类对安全的要求决定开启数量。安全检查以自动化仪器为主，发现问题时要注意保持好良好的服务态度。

为了维护站车的良好运营秩序，确保旅客的运输安全，方便旅客进出站、上下车以及保持良好的乘车环境，必须对旅客携带品的范围进行限制。同时为了满足广大旅客的知情权，铁路运输企业应在售票厅、候车室和旅客列车内以及利用相关媒体加强对旅客携带品的宣传，以杜绝旅客将违禁物品带进站、车。

1. 铁路进站乘车禁止和限制携带的物品

(1)枪支、子弹类(含主要零部件)。

手枪、步枪、冲锋枪、机枪、防暴枪等军用枪以及各类配用子弹(含空包弹、战斗弹、检验弹、教练弹)；气枪、猎枪、运动枪、麻醉注射枪等民用枪以及各类配用子弹；道具枪、仿真枪、发令枪、钢珠枪、消防灭火枪等其他枪支；上述物品的样品、仿制品。军人、武警、公安人员、民兵、射击运动员等人员携带枪支子弹的，按照国家法律法规有关规定办理，并严格执行枪弹分离等有关枪支管理规定。

(2)爆炸物品类。

炸弹、照明弹、燃烧弹、烟幕弹、信号弹、催泪弹、毒气弹、手雷、手榴弹等弹药；炸药、雷管、导火索、导爆索、爆破剂、发爆器等爆破器材；礼花弹、烟花、鞭炮、摔炮、拉炮、砸炮、发令纸等各类烟花爆竹以及黑火药、烟火药、引火线等烟火制品；上述物品的仿制品。

(3)器具。

匕首、三棱刀(包括机械加工用的三棱刮刀)、带有自锁装置的弹簧刀以及其他类似的单刃、双刃刀等管制刀具；管制刀具以外的，可能危及旅客人身安全的菜刀、餐刀、屠宰刀、斧子等利器、钝器；警棍、催泪器、催泪枪、电击器、电击枪、射钉枪、防卫器、弓、弩等其他器具。

(4)易燃易爆物品。

氢气、甲烷、乙烷、丁烷、天然气、乙烯、丙烯、乙炔(溶于介质的)、一氧化碳、液化石油气、氟利昂、氧气(供病人吸氧的袋装医用氧气除外)、水煤气等压缩气体和液化气体；汽油、煤油、柴油、苯、乙醇(酒精)、丙酮、乙醚、油漆、稀料、松香油及含易燃溶剂的制品等易燃液体；红磷、闪光粉、固体酒精、赛璐珞、发泡剂 H 等易燃固体；黄磷、白磷、硝化纤维(含胶片)、油纸及其制品等自燃物品；金属钾、钠、锂、碳化钙(电石)、镁铝粉等遇湿易燃物品；高锰酸钾、氯酸钾、过氧化钠、过氧化钾、过氧化铅、过醋酸、双氧水等氧化剂和有机过氧化物。

(5)剧毒性、腐蚀性、放射性、传染性、危险性物品。

氰化物、砒霜、硒粉、苯酚等剧毒化学品以及毒鼠强等剧毒农药(含灭鼠药、杀虫药)；硫酸、盐酸、硝酸、氢氧化钠、氢氧化钾、蓄电池(含氢氧化钾固体、注有酸液或碱液的)、汞(水银)等腐蚀性物品；放射性同位素等放射性物品；乙肝病毒、炭疽杆菌、结核杆菌、艾滋病病毒等传染病病原体；《铁路危险货物品名表》所列除上述物品以外的其他危险物品以及不能判明性质可能具有危险性的物品。

(6)危害列车运行安全或公共卫生的物品。

可能干扰列车信号的强磁化物，有强烈刺激性气味的物品，有恶臭等异味的物品，活动物(导盲犬除外)，可能妨碍公共卫生的物品，能够损坏或者污染车站、列车服务设施、设备、备品的物品。

2. 限量携带物品

不超过 20 mL 的指甲油、去光剂、染发剂；不超过 120 mL 的冷烫精、摩丝、发胶、杀虫剂、空气清新剂等自喷压力容器；安全火柴 2 小盒；普通打火机 2 个。

其他禁止和限制旅客携带物品按照国家法律、行政法规、规章规定办理。

2.3.1.5　失物招领

客流量较大的车站均应设失物招领处。失物招领处对旅客遗失物品应妥善保管，正确交付。遗失物品需通过铁路向失主所在站转送时，物品在5 kg以内的免费转送；超过5 kg时，到站按品类补收运费；但对不得带入车内所列的物品及食品不办理转送。

2.3.1.6　公共广播系统

公共广播系统可以与旅客进行最直接的交流，通常用于广播实时的公告，具体包括广播铁路时刻表信息、广播预录制的公共信息公告、广播紧急公告、广播背景音乐等。公共广播系统主要供控制中心工作人员和车站工作人员使用，由他们来发布必要的信息。

2.3.1.7　应急处理工作

应急处理工作是高速铁路客运服务不能忽视的一项工作，在发生旅客拥堵、突发疾病、服务纠纷、特殊群体事件、自然灾害、发生刑事犯罪案件等问题时，必须尽快化解。应急反应工作的重点：首先预案，对各种情况处理办法做到心中有数或有章可循；其次明确各部门的岗位责任。由于不可能设专门的日常人员防范，更要重视一旦事件发生时的组织工作。

2.3.2　客运站乘降工作组织

有秩序地组织旅客在站内通行、检票进站，走向列车停靠站台上车，以及到达车站下车旅客在出站口验票出站，是客运站的一项重要工作。

高速铁路车站大多采用进站检票方式，乘降组织方式相对既有线简单，主要内容大致包括正确引导旅客上下车和站台候车管理等。旅客上车前检票，应在检票口的明显处设置列车车次、去向和开车时间指示牌。检票时，在站台入口处要组织好客流，并确认客票日期、车次、到站是否正确，以防旅客误乘和无票乘车。

正确引导旅客组织主要依靠自动化的旅客导向系统(指示设备)。旅客导向系统主要从调度系统提取信息结合人工录入的方式，在车站加工处理形成信息源，以音频和视频的方式发布给旅客。导向系统主要分为四部分：站外信息服务、站内信息服务、车上信息服务和网上服务系统。通过这些服务旅客可以了解到各次列车的发到时间、始发站/经停站/终到站、列车编组、客票发售、列车运行(列车正在运行区间、列车正晚点、列车晚点原因)等列车运行信息，以及候车地点、服务地点、进出站走行路径、城市交通信息等站内服务信息。还可以考虑提供部分服务电脑供旅客查询其他相关信息并可直接进行有关操作，如预订车票、预订旅馆等业务。

旅客导向系统广泛分布于各个进出站口、交换大厅、售票大厅、地上地下电梯处，各种固定引导标记和电子显示应十分醒目、清晰。每个进站、出站闸口，最好设有摄像机，密切监视着乘客的情况，一旦发现异情，工作人员能立即出动，快速处置。

站台候车主要依靠设备，而一般不需要专门的客运员进行管理，如采用电子引导屏显示不同列车，以白色线条标出候车安全线，站台地面上设有明显的各种车型车门位置标记，设置排队标志等，引导乘客排队上车。可以考虑在站台设置客运值班员对候车情况进行监视，以保证候车安全。

2.3.3 车站旅客运输服务作业标准

为全面落实《铁路旅客运输服务质量标准》，采用先进的运营管理和服务模式，提高个性化服务水平，树立动车组安全、快速、便捷、优质的品牌，特别针对高速铁路车站旅客运输作业标准做出了规定。

2.3.3.1 车站客运人员工作职责

1. 售票值班员工作职责

负责本班组售票组织管理工作，执行命令指示，落实上级布置的各项任务及处理团体旅客和其他重点旅客的售票业务；负责召开班前、班后会，检查售票营业场所服务设备设施。各岗位标准化作业执行情况，落实考核制度；执行旅客运输组织原则，根据客流变化情况，合理安排岗位人员；负责收集旅客对售票工作的意见，改进售票方法，受理旅客投诉，帮助旅客解决困难；负责责任区域突发情况的应急处理；负责监督、检查责任区域的保洁工作质量；负责做好班后总结，填写值班相关台账。

2. 客运值班员工作职责

负责当班旅客运输组织工作，执行命令指示，落实上级布置的各项任务；负责召开客运班前、班后会，检查客运营业场所服务设备设施；合理安排岗位人员，掌握列车运行情况，合理组织客运乘降组织工作，确保列车安全正点；负责与动车组列车办理重点事项交接，并妥善处理各类突发事件；检查各岗位标准化作业执行情况，落实考核制度；负责收集旅客对车站服务工作的意见，提出改进建议，受理旅客投诉，帮助旅客解决困难；负责作业区域突发情况的应急处理；负责监督、检查责任区域的保洁工作质量；负责做好班后总结，填写值班相关台账。

3. 售票员工作职责

了解列车运行情况及重点事项，检查设施设备运用状态及资料备品完整齐全；按规定做好票据的请领、使用和保管工作；为旅客提供优质服务，根据旅客需求按规定发售车票，办理改签、退票业务；妥善保管现金，正确结算账目，严格执行交接制度，按时填报有关报表；熟练掌握非正常情况下应急售票组织方案，及时处理本岗位的突发情况。

4. 自动售票机操作员工作职责

负责自动售票机使用、管理和报修工作；负责票据的请领、保管和更换，严格执行交接班制度；负责自动售票机钱箱的装卸和交接工作；负责与点款、设备维护等相关人员共同操作自动售票机，严格执行互控制度；负责处理本岗位的突发情况；监督本岗位作业区域的保洁工作质量。

5. 候车区域客运员工作职责

为旅客提供干净、舒适的候车环境，维持正常的候车秩序，引导旅客文明有序候车；负责组织、引导旅客有序检票进站上车；负责解答旅客问询，受理旅客投诉；负责本区域自动检票机等客运设施设备的管理、使用、报修；负责旅客遗失物品及药箱的管理；负责本岗位突发情况汇报及处理；监督本岗位作业区域的保洁工作质量。

6. 站台客运员工作职责

按规定接送动车组列车；负责迅速安全有序地组织旅客乘降并做好相关服务工作；负责站台闲杂人员的清理；做好站车交接工作和突发事件的应急处理；负责解答旅客问询，受理旅客投诉;监督本岗位作业区域的设施设备运用状态及保洁工作质量,发生问题及时报修。

7. 出站口客运员工作职责

负责区域内闲杂人员的清理,做好旅客出站宣传工作,维持出站秩序;负责组织、引导旅客检票有序出站;负责办理旅客补票业务;负责本区域自动检票机、补票机等客运设施设备的管理;负责解答旅客问询,受理旅客投诉;负责处理本岗位的突发情况;监督本岗位作业区域的保洁工作质量。

8. 综控室客运员工作职责

熟练掌握客服系统的操作方法,认真执行操作程序;负责客服系统日班计划核对,通报客运各岗位人员,并监控计划的执行情况;负责向车站各岗位及旅客发布动车组列车到发等相关信息;根据旅客乘降组织方案设置和调整检票计划;负责导向揭示、时钟等信息的监控;负责对站区实施有效监控;负责协调处理客服系统内的旅客求助;负责客运设备管理台账登销记,落实设备用、管、修制度。

9. 综控室计划员工作职责

负责售票数据的维护及核对工作,按时做好各项客流数据的统计工作;负责调度命令及有关文电的接收和处理;掌握客流变化情况,及时提出动车组运能的调整建议;负责在移动通信终端故障时,向列车长提报乘车人数和席位发售情况。

10. 给水员工作职责

负责动车组列车的给水工作;负责给水设备的检查、保管及报修工作;负责清理股道中的障碍物和闲杂人员,协助维护站场治安秩序,负责查看动车组列车背面安全情况,防止旅客或闲杂人员从背面爬车、钻车;及时处理本岗位的突发情况;监督本岗位作业区域的保洁工作质量。

2.3.3.2 作业标准

1. 售票、客运值班员作业标准

(1)班前准备

掌握动车组列车运行、客流变化情况、电报、命令、业务资料、重点承办事项等有关内容。做到有计划、有重点;检查仪容仪表。做到着装整齐、精神饱满,组织班前会,传达上级电报、命令和有关注意事项,按岗位要求布置工作。做到分工合理、任务明确;严格对岗交接制度,检查作业区域人员上岗、保洁质量、设备状态、定置管理等情况;发现问题,及时汇报。做到交接清楚、卫生达标、备品齐全。

(2)班中作业

①售票值班员

组织售票员按时上岗,检查开窗售票作业情况。做到分工明确,作业规范;掌握售票计划和动车组列车运行情况,组织售票员准确、快速的发售车票和办理改签、退票业务。做到情况清楚、组织合理;加强售票区域巡视,根据客流变化情况,合理调整售票窗口和自动售票机的使用数量。做到方便旅客购票,减少旅客等候时间,检查自动售票机运行状况。做到使用正常;处理售票相关业务、受理相关投诉。做到按章办理,处理及时;妥善处理突发情况。做到反应快速,处理得当。

②客运值班员

组织客运员按时上岗,检查立岗作业情况。做到分工明确,作业规范;加强巡视,掌握旅客候车、乘降动态及重点旅客信息，督促客运员做好客运组织工作。做到巡视认真到位，信息掌握准确，组织安全有序；在规定的位置与动车组列车长办理重点事项及重点旅客交接。做到交接清楚，手续齐全；处理旅客投诉、审阅旅客留言簿等客运相关业务。做到处理及时，按章办理；及时妥善处理突发情况。做到反应快速、处理得当；遇动车组列车晚点时，做好宣传、解释工作，稳定旅客情绪。做到耐心解释，妥善处理。

(3)班后交接

检查责任区域设备设施、卫生保洁质量、定置管理等情况，发现问题及时汇报并办理交接登记。做到记录完整、交接清楚、责任明确；收集汇总重点旅客和重点事项信息，做好交接。做到信息全面、交接清楚；召开班后完工会，填写工作日志。做到工作有总结、问题有分析、整改有措施。

2. 售票员、自动售票机操作员、客运员、给水员作业标准

(1)班前准备

按规定统一着装，佩戴标识。做到仪容整洁，精神饱满；参加班前会，接受任务指示，了解动车组列车运行情况及重点事项。做到任务清楚、重点掌握；对岗交接，检查本岗位保洁质量、设备设施等情况。做到卫生达标，设备完好，备品定位。

(2)班中作业

①售票员

根据客流情况和发售规律请领票据，妥善保管。做到请领充足，清点签认盖章；按规定作业时间开窗售票。做到不晚开，不早关，作业中不无故离岗。

按照“问、输、收、做、核、交”的六字售票法进行售票。做到速度快、售票准、态度好；按照“接、问、输、收、做、核、交”的七字签证法进行改签。做到改签准确无误；按照“看、输、核、盖、交”的五字退票法进行退票。做到认真核对，不退无效车票和禁退车票；按照“关、点、填、交、核、登”的交班六字法进行交班。做到票、款、账相符，报表内容准确、填写规范。

②自动售票机操作员

请领钱箱、票卷和凭条纸卷，做好交接登记，并按操作规程安装。做到登记详细，操作准确；启动、调试自动售票机。做到操作正确，确保设备正常运行。

引导旅客正确使用自动售票机，处理旅客在自助购票过程中出现的问题。做到热情服务、耐心讲解。

监控自动售票机的使用情况，及时更换钱箱、票卷和凭条纸卷。做到更换及时、操作正确，确保自动售票机的正常使用。巡查自动售票机的工作状态，发现异常情况及时处理。无法处理时，通知设备维护员，并做好记录。做到巡查到位、处理及时、记录完整。

结账并退出售票程序，打印结账凭条，接规定上缴票款、票据。做到操作正确、交接及时。

③候车区客运员

引导旅客文明有序候车。做到主动热情、秩序良好。巡视候车区域，掌握旅客候车动态，做好重点旅客的细微服务，处理服务过程中的各类问题。做到全面服务、重点照顾。

执行首问首诉负责制，解答旅客问询，受理旅客投诉。做到用语文明，处理及时。

检票前，检查确认自动检票机、广播和导向揭示系统联动状态良好，做好旅客上车前的准备工作。做到检查及时，准备到位。引导旅客有序检票进站。做到旅客通行方便、快捷，无误

放、漏检。

做好旅客遗失物品登记、缴交工作。做到公布及时、处理正确。做好药箱管理。做到登记规范、补充更换及时。

遇动车组列车晚点时，做好宣传解释工作，稳定旅客情绪。做到耐心解释，用语规范。责任区内出现突发情况，及时汇报，妥善处理。做到沉着果断，措施得当。

④站台客运员

维持站台秩序，及时清理站台障碍物和闲杂人员。做到“一车一清”。迎送动车组列车时，距站台边沿 2 m 处立岗，面向列车，目迎目送，列队成线，加强安全防护。做到姿势规范，防范及时。

按规定程序组织引导旅客乘降，宣传安全事项，照顾重点旅客。中途站应提前组织旅客在站台排队等候。做到乘降安全有序。

与列车长办理交接事项，处理相关客运业务。做到交接及时清楚、处理得当。妥善处理突发情况。做到及时汇报、处理得当。

⑤出站口客运员

按时上岗，维持出站口秩序，做好旅客出站宣传工作，及时清理出站口障碍物和闲杂人员。做到通道畅通，旅客通行方便、快捷。

做好自动检票机和补票机管理。做到使用正确，报修及时。做好到补票据票款管理。做到票、款、账相符，无票据票款丢失。发现旅客违章乘车时按章处理。做到纠正违章态度和蔼，处理问题实事求是。妥善处理突发情况。做到及时汇报、处理得当。

⑥综控室客运员和计划员

熟练掌握客服系统集成管理平台的导向揭示、广播、检票、监控、求助、寄存等各系统的功能及操作规程，正确使用客服系统设备设施。做到使用正确，确保系统运行状态良好。

根据上级文电、命令、指示及时调整客服系统计划。做到调整及时，确保信息准确、完整。接到相关文电、命令时，通过集中管理平台将有关内容传达给相关人员，做好交接登记。做到准确无误，无漏传、错传。

监控设备运行状态，发现故障及时报修，并做好报修台账的登记，确保设备正常，系统畅通。做到监控到位，保修及时，登记完整。

a. 广播管理

编制广播计划，上报值班员审批，并监控计划自动执行情况，确保广播信息及时准确，漏播、不晚播、不错播。做到编制准确，上报及时，监控到位。

根据客运组织计划变更信息，及时调整广播计划，必要时进行人工广播。做到播报准确，音量适宜。

遇动车组列车晚点及时通告，晚点超过 15 min，代表站长播放致歉词，每次间隔不超过 30 min。做到通告及时、播放正确。

遇有特殊情况正确启动广播应急系统。做到启动及时播音正常。

b. 导向揭示管理

对每日生成的导向揭示计划自动执行情况进行监控，必要时进行人工干预，确保服务信息的准确性。做到监控到位、干预及时、信息准确。

及时更新所有对外揭示，确保服务信息的及时性和准确性。做到更新及时，信息准确。

c. 监控管理

对站区实施有效监控。做到监控到位，不留死角。

发生异常情况，及时汇报处理。在监控权限范围内回放、浏览摄像视频信息。做到汇报及时，处理得当。

d. 求助管理

处理旅客求助。做到响应迅速，处理及时。

无法自行处理时，根据实际情况通知相关岗位进行处理。做到通知及时、处理得当。

e. 计划管理

检查、核对席位库情况，复核命令执行情况，发现问题及时汇报处理，确保数据准确无误做到核对认真，处理及时。

加强票额管理，正确掌握动车组列车编组和运能，根据客流情况，提出加开、停运动车组列车和票额调整的建议。做到掌握全面、建议合理。

接收调度命令，做好核对、登记并及时传达到相关岗位。做到准确登记，传达及时。

做好各项数据的统计、分析、上报工作，建立台账资料，掌握客流变化规律。做到统计精确，分析全面，上报及时。

⑦给水员

按规定做好安全防护措施，及时立岗接车。做到立岗姿势端正、措施得当。按规定路线进入股道，清理股道中障碍物，检查给水设备是否完好，发生设备故障时，及时报修。做到作业规范、报修及时，确保设备设施作用良好。

使用钥匙将动车组列车注水口挡板门打开，并将上水管接头与动车组列车注水口连接。做到操作规范、连接正确。使用无线遥控操作上水控制机启动注水程序（有自动给水设备时，以下同）。做到启动及时，操作准确。

动车组列车给水结束，给水员锁闭注水口挡板门，检查水管回卷情况，发生上水管接头未自行脱落及水管未及时回卷的现象，应迅速进行手动操作；给水组长全列巡查，确保注水口挡板门处于锁闭状态和水管回卷到位。做到检查细致、反应迅速。

当出现停电或系统发生电气故障，丧失自动给水功能时，启动手动给水方式。做到反应迅速，启动及时。

给水作业完毕，给水组长通过对讲机向客运报告。做到报告及时，双方确认。注意查看列车背面安全情况，防止旅客或闲杂人员从背面爬车、钻车，横跨股道。确保旅客人身安全和动车组正点运行。做到措施到位，防范及时。

特殊情况未给水或补水不足时及时通报站台客运员，并做好登记。做到报告及时，登记完整。给水作业完毕后，在规定岗位立岗送车。做到立岗及时、姿势端正。

(3)班后交接

检查本岗位设备备品、卫生保洁质量、物品定置管理等情况，向值班员汇报重点旅客信息。做到卫生达标，设备良好，备品定位。

对岗交接，对本岗位设备及重点旅客信息等事项办理交接。做到交接清楚，责任明确。

参加班后完工会，汇报本岗位工作情况，听取值班员对本班工作的总结。做到准时参加，汇报工作实事求是。

2.4 安全管理工作

高速铁路旅客运输安全工作必须坚持“安争第一，预防为主”的方针，全面加强车站安全基础管理，树立高速铁路车站安全、快速、便捷、优质的品牌形象。

2.4.1 基本要求

高速铁路时速 300 km 及以上的动车组列车不得超员运输。有动车组停靠或通过的车站，应当对跨线候车室窗户或天桥加强管理，并有“禁止抛物”等相应的安全提示。

列车注水口处设有加锁式挡板门的动车组，上水人员在给列车注水结束后，应当锁闭挡板门并进行再确认。

站车要通过广播、图形标志、电子显示屏、文字提示等形式向旅客宣传安全常识、环境保护和禁止吸烟规定，提示旅客不得随意丢弃杂物。

动车组始发、终到站要加强对需要进站上车作业的餐饮、保洁人员和车辆的安全管理，制定有效的管理办法并签订安全协议。餐饮、保洁人员及车辆必须凭证进出车站。

动车组应接入固定站台并停于固定位置。站车有关工种应当紧密配合，组织旅客按照车厢号在标明车门位置处排队等候，有序乘降。

2.4.2 车站安全

高速铁路客运车站的安全工作具体而又繁琐，车站必须建立有效的安全、消防组织机构，建立健全各项客运安全管理制度，对安全关键点有联防联控措施，非正常情况有应急处置预案。

1. 售票工作的安全性

自动售票系统的安全性是系统设计初考虑的重要问题，但由于系统庞大，运行维护相当困难，因此不可避免会出现局部故障，造成一定的安全问题。因此，高速铁路客运站日常除了对系统的维护外，还必须定期进行系统诊断，评估系统的安全性和可靠性。

尽量降低网上订票存在的风险是车站要做的另一个安全工作。互联网中黑客和病毒大量的存在，对电子订票系统是一个巨大的隐患，除了设置软硬件防火墙，车站也要经常维护电子订票系统，能够及时发现异情，一旦出现系统被攻击情况，能够尽快解决。同时建立应急方案备用机制，处理利用互联网对车站信息系统的破坏。

车站其他的信息系统出现问题，同样会影响正常的工作，但相对于售票系统来讲，影响存在于车站内部，容易控制，危害性相对较小。

2. 旅客乘降安全

车站工作人员，必须十分注意旅客上下列车的安全。动车组的高速运行引起周围空气急剧变化，很可能对站台上等候列车的旅客造成危险。因此，车站工作人员要不断提醒上车旅客在规定的区域等候，提醒下车旅客要在动车组完全停止后下车。绝对防止旅客穿行轨道等危险行为，所有旅客必须通过天桥或地下通道进出站或进行换乘。

3. 危险品检查

(1)车站对乘坐动车组列车的旅客及其所携带的行李物品必须进行安全检查，安检工作由公安部门全面负责管理。

(2)车站使用危险品检查仪实施安检工作。安检管理单位(部门)应保证设备技术状态良好,使用正常,安检人员必须经过岗位培训合格后持证上岗,执行职务时应佩戴"安全检查证"。"安全检查证"按照规定式样,由公安部门制作和发放。

(3)旅客拒绝接受检查或携带物品疑似为危险物品,但受客观条件限制无法认定其性质的,旅客又不能提供该物品性质和可以经旅客列车运输的检测证明时,车站有权拒绝其进站。

4. 站台安全

(1)站台客运人员必须及时清理站台,制止闲杂人员在站台逗留,做好"一车一清"工作。

(2)非作业车辆严禁进入站台,作业车辆必须在站台边缘内不少于 3 m 处指定区域与站台平行停放并派人看守。

(3)车站要在关键场所设置安全警示,防止旅客伤害事故发生;遇雨雪天气,应及时清除站台冰雪积水,采取防滑安全措施。

2.4.3 劳动安全

为进一步加强劳动安全关键点的安全控制,预防职工伤亡事故的发生,应建立健全劳动安全关键点卡控体系,制定劳动安全措施。

1. 基本要求

(1)在上班前不得饮酒,在执行职务时,不得与别人闲谈或做与本职无关的工作。工作前,要充分休息,保证工作时精力充沛、思想集中。

(2)在任何工作开始之前,均应首先检查使用的机械、设备和工具及工作有关事项,按规定穿好防护服。如有不安全现象,必须消除或采取安全措施后,方可进行。

(3)在任何情况下,均不得在机车、车辆、机械设备等下面或有倒塌危险、有毒气体和过分湿潮的地点附近休息、饮食,乘凉和避风雨。

(4)严格遵守铁路运输秩序。在任何情况下,均不得飞乘、飞降机车或列车。禁止在移动中的机车、车辆前方抢越线路。

(5)遇恶劣天气时,要提高自我保护意识,严禁用衣帽、围巾遮盖耳目、妨碍视听。

(6)在有电区(有接触网区域)工作或横过接触网时,所持工件、物品应与接触网保持 2 m 的距离。

2. 上水员

(1)作业前按规定穿好防护服,戴好防护帽。

(2)上水员要在股道中规定位置立岗接送动车组,确认动车组停稳妥后,方准开始给动车组上水并于动车组开车前 3 min 完毕作业。

(3)上水员在作业中,身体要保持不侵入机车车辆限界,注意邻线机车、车辆运行,严禁坐卧钢轨、枕木头。

(4)相邻岗位作业人员相互监督,发现危及行车安全及人身安全的情况,要及时提醒和制止。

(5)作业中严禁以车代步,严禁在机车车辆前抢越通过。

(6)电气化区段上水人员不得向上洒水。

(7)遇冰、雪天气，需穿防滑草鞋防摔倒。

3. 站台客运员

(1)班前必须充分休息好。严禁班前及班中饮酒和私自换班、替班，班中不准擅离工作岗位，按规定着装，佩戴有关防护用品及用具。

(2)接进列车时应站在站台规定的安全线内，横跨股道时应走地下通道或人行天桥。

(3)在作业中或站台接送旅客时，严禁拨打手机或者查看信息，戴耳机、耳塞。

(4)严禁摸黑开关电气设备，防止触电。

4. 机动车驾驶员

(1)站内驾驶车辆，司机必须携带驾驶证、行驶证。不准驾驶与驾照不相符的车辆。

(2)严禁酒后驾驶车辆，驾驶室内不得超额坐人，不得在行驶时吸烟、饮食、攀谈、打手机或做其他有碍安全行车的事情。

(3)严禁超速行驶，站台行驶限速 10 km/h，地道内行驶限速 5 km/h。

(4)下地道行驶靠右行驶，通过地道、下坡转弯时要连续鸣笛，打转向灯及远近光灯予以警示，防止车辆冲突和撞人，禁止在斜坡上停车。

(5)汽车进入站(库)内时，随车人员应乘坐在驾驶室内。在站台上及库内倒车、调头作业时，须有专人进行引导防护。

(6)驾驶员离车前取下钥匙，拉紧手刹，变速器设在相应挡位，切断电路，锁好车门。

(7)汽车发现异状或故障未修复前禁止上道。

2.4.4 消防安全

高速铁路车站的消防安全管理贯彻“预防为主，防消结合”的方针，坚持“铁路局集团公司统一领导，业务部门加强管理，专门机关指导监督”的原则，实行岗位防火责任制和标准化管理。要认真贯彻执行上级有关消防工作的规定和工作部署，制定车站消防管理规章制度及火灾事故应急预案，定期开展消防安全检查，及时发现和整改火灾隐患，开展消防安全教育培训，提高火灾预防和处置能力。

1. 旅客候车室

(1)室内隔断、座椅和其他家具应采用难燃性材料。

(2)安全出口不少于 2 个，出口处不宜设置铁围栏。

(3)疏散门开启应向外。

(4)候车室门不应设置旋转推拉式大门。

(5)室内疏散通道不应堵塞、加锁。

(6)室内消火栓配件齐全、整洁无杂物。

(7)应急广播系统完好。

(8)落实危险品检查，安全检查仪设备处于良好运行状态。

2. 计算机房(室)

(1)主机房、基本工作间装饰材料应选用非燃材料或防火材料。

(2)照明线宜穿管敷设，或在吊顶内穿钢管明敷。

(3)主机房采用活动地板可由钢、铝或其他阻燃材料制成，活动地板表面应是导静电的，严禁暴露金属部分。

(4)机房内电源切断开关应靠近工作人员的操作位置或主要出入口。

(5)电子计算机房内存放废弃物应采用防火盖的金属容器。

(6)电子计算机房内严禁吸烟,并设有“严禁吸烟”的标志。

(7)电子计算机房应有防鼠、防虫措施。

3. 商业网点

(1)经营场所的消防工作由经营单位负责,出租由承租方负责,出租单位管理。

(2)禁止在安全出口、疏散楼梯摆放摊位柜台、堆放物品,严禁挤占、堵塞、调整消防安全布局。

(3)候车室内餐饮场所禁止使用液化石油气罐。

(4)配备相应数量、能扑救A类火灾的灭火器材,灭火器材放置在明显、便于取用的地点。

(5)候车室内设置醒目的“防火标志”,严禁吸烟、严禁使用明火。

4. 共性部分

(1)站区内进行电焊、气割等动火作业,须经站区主管消防领导批准,并办理动火证后方可作业,作业人员应严格遵守操作规程,做好防护。

(2)站区内开办的旅社、饭店和其他公共娱乐场所应配置足够的灭火器材、应急照明和疏散指示标志齐全完好、消防通道和安全出口畅通,并具有公安消防部门批准的消防许可证。

(3)安装或维修电线、电器必须由持专业合格证人员负责安装、维修,严禁私接乱安电线、电器。

(4)工作人员离岗,认真查看及时关闭电器开关,禁止在电器附近放置易燃物品。

(5)严禁铜、铁丝或其他物品代替保险地。

(6)室外消火栓由水电部门定期维修,车站上工作人员认真签字,保存记录,并做好测试。

(7)不得埋压、圈占消火栓,不得损坏、拆除、挪用、丢失消防设备器材。

(8)灭火器配置基准,每个配置点最少配置不应少于2具,最多配置不宜多于5具。

(9)手提式灭火器宜设置在挂钩、托架上或灭火器箱内,其顶部离地面高度应小于1.5 m,底部离地面高度不宜小于0.15 m。

(10)新进站人员(集体工、临时合同工)须经过车站消防安全培训,考核合格方准上岗。

(11)站区内水泵房、消防控制室人员须经过专业培训,持证上岗,坚守岗位并做好测试记录,发现异常应立即通知产权单位维修处理。

高速铁路的安全保障体系,虽然采用一系列的现代化先进技术设备,构成了十分完善的安全监控系统,但是仍然要在运输组织中对涉及行车安全和旅客安全的各个环节建立一整套非常严密的科学管理制度,对有关运输设备与设施进行精心养护和维修,所有与行车有关的操作人员必需事先进行岗位培训,持证上岗。

车站工作人员需要小心细致的检查,包括对旅客行李的检查,对可能引起火灾的地方重点关注,定期检查消防设施是否有效等,保证车站日常经营管理工作安全有序地进行。

3 高速铁路车站客运服务系统

3.1 国外高速铁路客运服务系统简介

3.1.1 日　　本

1. 票务服务

日本高速铁路通过日本铁路旅客综合销售系统发售车票，全部采用计算机联网售票，客运站售票以自动售票为主，人工为辅。旅客主要有以下几种购票方式：网上预订、从全国的车站“绿色窗口”购买、通过自动售票机购买、在车上用车内便捷式移动终端购买及通过旅行社代理购买。车票全部使用电子车票，进、出站的检、验票工作实现自动化和无人化。车上补票由列车长完成，利用无线售票设备与地面售票系统实现动态的信息对接传输，使每个客运站都能实时准确地掌握每一列车各种席位发售情况和超员情况。

功能强大的日本铁路旅客综合销售系统可发售多种票券，如单程票、往返票、连程票、定期票、团体票、特级车厢的绿色车票、特快票、卧铺票、指定座席票等。日本铁路旅客综合销售系统还与航空公司、旅行公司等其他系统连接，可以为旅客提供住宿预订、出租汽车预订等服务，发售各种入场券、周游券、联合旅行券、旅馆券、机票等，极大地方便了旅客的出行，如图 3-1 所示。

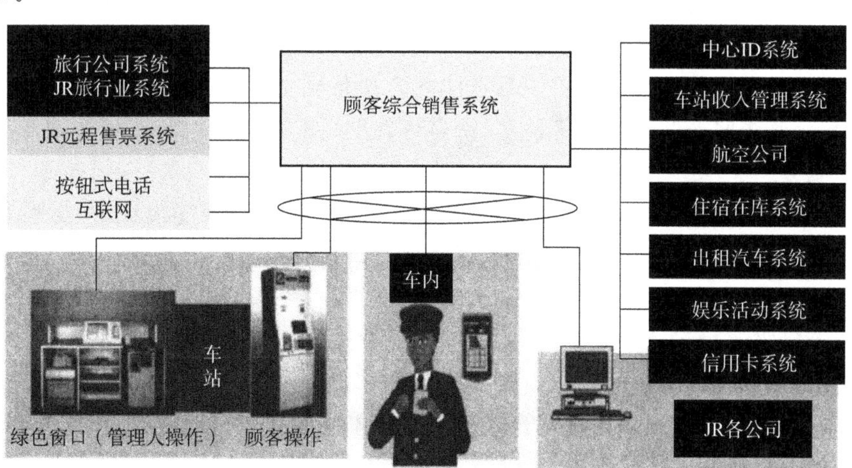

图 3-1　日本铁路旅客综合销售系统

2. 站车服务

日本综合运输管理系统保有所有运行列车的编组信息(车厢数、指定座席/自由座席分类等)、列车信息(列车名称及终点站等)以及旅客向导所需的各种信息。通过活用这些信息,可实现内容详细的自动旅客向导,并且通过利用综合运输管理系统列车追踪功能,可准确地掌握旅客向导信息的播放时机。

日本高速铁路旅客向导系统是综合运输管理系统的一个子系统。旅客向导系统具有自动广播功能(自动对下一到/发列车等相关信息进行广播)、发车牌控制功能(自动在发车牌上显示下一到/发列车)和消息控制功能(在发车牌上显示故障信息等消息内容,消息内容可在车站或中央进行指定)。通过旅客向导系统在车站站台利用显示屏、广播为旅客提供该股道到/发列车信息。在检票口等地方的显示屏上显示列车的车次、时刻、乘车站台等信息,将旅客引导至相应的站台。

日本高铁车站旅客引导设备主要包括发车指南显示屏(在车站检票口、大厅、站台等处设置,向旅客传递车次、到达目的地、停车站及时间、自由席车厢号、列车编组等情况)、自动广播(广播列车到站、进站、发车、误点、通过等内容)等,并在车站各处设置明显的引导标志,引导旅客进、出站和换乘。

3.1.2 法　　国

1. 票务服务

法国国营铁路公司下各设两个客运部门:客运部(长途)和公共运输部(短途和郊区),通过专门的营销和销售部门(分销部)统一管理全国客票销售工作,同时服务于客运部和公共运输部。在“站票分离”的车票管理模式下,由分销部作为一个独立、完整的机构负责组织和管理全国铁路车票的销售工作,高速铁路车票也在其中。法国高速铁路除了采取与航空公司一起推出的票价打折活动以外,还根据旅客出行的时间不同,制定了分时票价体系,满足不同群体的出行与消费需求,扩大了乘客在票价与时间上的选择空间。法国高铁票价格采取浮动制,通常来讲,越早订票价格越便宜,车票预售期通常为 3 个月。

法国高铁提供全方位服务的销售网点,有车站窗口、自动售票机(法国高铁的车站及较大的商场均设有自助售票机)、代售点、互联网、电话预订等多种形式。另外,法国国营铁路公司还与法国各大旅馆,出租车公司及旅游景点建立合作伙伴关系,可以为乘客预订旅店、租赁汽车,提供各类旅游线路及开放时间等信息,游客可在购买车票的同时将旅程规划得当。

2. 站车服务

法国铁路的旅客服务信息系统由广播系统、导向系统、监控系统构成,并与列车自动监控系统、调度系统、数据采集监控系统进行数据交换。

广播系统用于发布各种旅客乘车信息、晚点或紧急事件等紧急通报、各种公用信息和广告等。导向系统接收信号系统、调度系统的列车运行数据,显示列车到开时刻、停靠站台以及晚点时间等信息;接收控制中心的指令或安全中心的信息,显示服务通告、特殊通告和紧急通告信息;根据需要显示广告、娱乐信息等。监控系统接收视频监控信息,实时反映安全状态,并实时对出现的问题进行警示。

站台上设有列车到发显示屏、车厢位置对位电子显示屏、站台座椅、自动售货机,自动扶梯、垂直电梯、时钟、车站标志牌等。站房内设有出租商店及快餐、咖啡店、人工售票窗口、问讯服务台、自动售票机、自动换票机、自动检票机、列车到发显示屏、车站各种引导标志、广播及摄像监控、行李托管处少量候车座椅等。车站的候车区域设置较小,这与列车开行密度大,购票、进站、乘车方便和车站的商业服务设施齐全有很大的关系。法铁车站内设有专门助残设施,提供全面的助残服务,车站基本上是低站台,配备专用站台升降设备,帮助残疾人乘轮椅上车。

旅客乘坐 TGV 高速列车(train à grande vitesse),随身携带的行李限 3 件,没有重量限制。如旅客需托运行李,可以与专门负责行李包裹托运的公司联系。此外,还有旅行陪同服务及小汽车运输租赁服务等。

在法国乘坐列车,可提前通过网上预订车位,而且对乘坐 TGV 高速列车的乘客享受较低的泊车价。另外,北方线和东南线的大部分 TGV 高速列车都可以带自行车旅行。

3.1.3 德　　国

1. 票务服务

德国高铁售票工作归德铁客运公司统一管理,票价政策、产品种类、售票设施、人员管理等大业务也由德铁客运公司负责。车站归德铁车站服务公司管理,没有客票销售职能。

德国高铁的售票方式主要有网上售票、自动售票机售票、车站窗口售票、电话订票及代售点售票等方式。旅客可提前 2 个月购买单程票、往返票和联程票,购票提前时间越早,获得订票折扣的可能越大。

2. 站车服务

德铁车站服务公司管理德国所有客运站,其主要职能是提供 3S 服务,即服务(Service)、安全(Sicherheit)、清洁(Sauberkeit)。德铁车站服务公司建立 3S 服务中心,通过电视服务系统、SOS 求助设施和先进的通信手段等,随时为旅客提供服务。3S 服务中心 24 h 监控行李寄存箱、电梯等服务设施和站容卫生,协调全站的生产服务工作,保证旅客和服务设施的安全、完好,保持站容整洁卫生。当在电视监控系统中发现伤残人、老年人或不会使用自动售票机的旅客需要帮助时,可通过通信设备,通知正在旅客当中服务的红帽子工作人员(人数约占全站人员的一半),及时迅速地为旅客提供服务。旅客有困难,可以通过 SOS 设施得到 3S 服务中心的帮助和信息咨询服务。

德铁乘客信息系统逐步集成了车站的导向、广播系统及基于无线通信的业务人员信息发布系统,实现了导向和广播信息的自动发布,向手持无线终端的业务人员发布旅行信息、向乘客发布数字化的最新交通广播、GPS 位置播报等功能,为旅客、业务人员、司机、列车长提供实时、可靠的旅行信息。

德铁乘客可享受上门托运行李服务,自行车、汽车、停车场租赁的服务。携带大量行李的旅客、带婴儿的旅客、家庭出游及老人等还可享受专门的更高质量的服务。

3.2 我国高速铁路客运服务系统

3.2.1 铁路客票发售和预订系统

我国铁路客票发售和预订系统从 1996 年至今,共经历了六个阶段。1996 年至 1997 年为第一阶段，客票系统 1.0 实现了售票由手工作业向计算机作业的转变；1997 年至 1998 年为第二阶段，客票系统 2.0 建立了地区级客票中心，实现了地区中心联网售票；1998 年至 2001 年为第三阶段，客票系统 3.0 实现了全国联网售票；2002 年至 2005 年为第四阶段，客票系统 4.0 适应了财务清算、客票改革和营销的发展需求；2006 年至 2011 年为第五阶段，客票系统 5.0 满足了席位集中管理和售票组织策略调整的需要；2011 年至今为第六阶段，逐步构建新一代铁路客票系统，客票系统提供了铁路 12306 互联网售票系统/铁路 12306 手机客户端、车站/代售点窗口、自动售票机、电话订票等丰富的售票渠道，支持现金、银行卡、网银以及第三方支付等多种支付方式，提供互联网订餐、动车组自助选座、接续换乘、铁路畅行会员等延伸服务功能。

3.2.1.1　系统架构

铁路客票发售和预订系统为国铁集团、铁路局集团公司和车站三级系统，铁路各级工作人员可使用该系统开展票务管理和售票业务。车站系统无席位库，不直接参与互联网售票；席位库由国铁集团部署在各铁路局集团有限公司，根据业务量的不同，每个铁路局集团有限公司部署 1 个主中心和多个负载中心。这些席位库是平行关系，均衡承担业务负载。国铁集团系统分第一、第二生产中心，以双活模式运行，如图 3-2 所示。

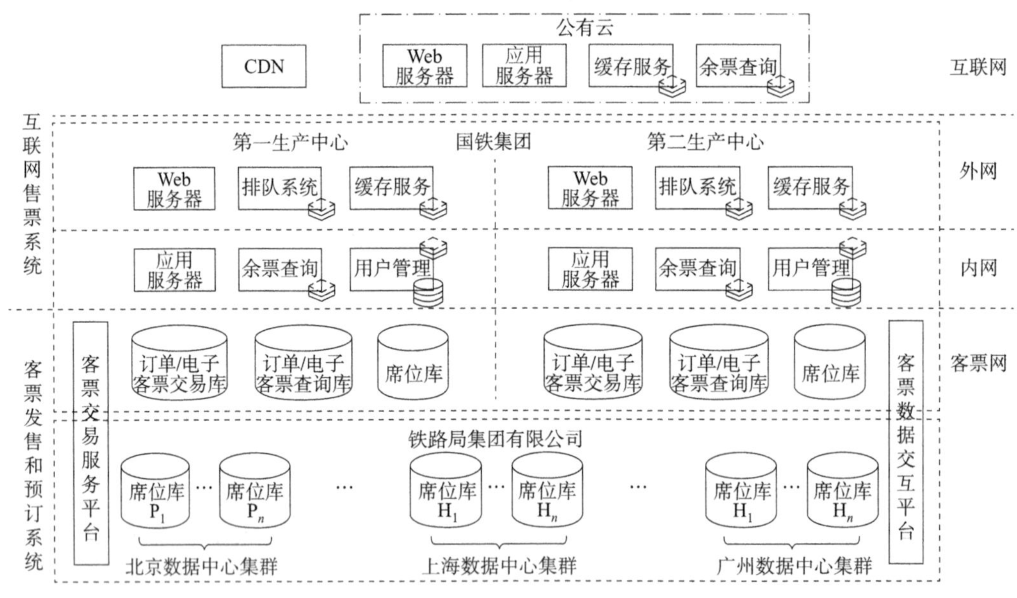

图 3-2　铁路客票发售和预订系统架构示意

3.2.1.2　系统构成

铁路客票发售和预订系统由运营管理、旅客管理、交易处理、自动检票，数据管理、业务管理、储值卡管理、席位管理、径路计算、票价计算、收入管理、统计、系统管理监控 13 个子系统构成，如图 3-3 所示。

1.运营管理子系统

运营管理子系统实现运营管理策略、营销策略、运价政策在铁路客票发售和预订系统的体现，主要功能包括：席位的属性及状态，席位的用途分类管理，席位信息查询及席位信息调整，

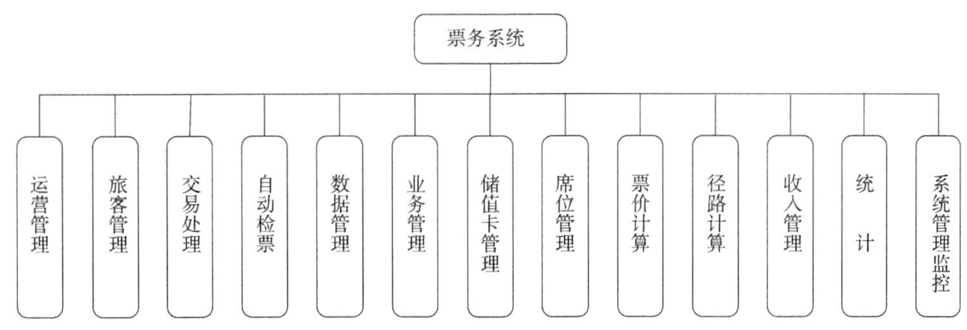

图 3-3 铁路客票发售和预订系统构成

席位的有效性管理，自由席发售的数量控制及席别优惠管理等。

2. 旅客管理子系统

常旅客主要包括持优惠卡的旅客，团体客户，以及在实名制条件下由计算机统计出的超过一定乘次或里程的普通旅客(如互联网会员等)。

旅客管理子系统对常旅客以实名制的方式进行管理，根据客户持卡类别、积分信息等不同进行分类，灵活设置不同类别常旅客享受的优惠规则。

3. 交易处理子系统

交易处理子系统实现铁路客票发售和预订系统中有关售票、订票、退票、补票的交易处理功能，接收并处理来自窗口、自动售票机、互联网、呼叫中心等各类终端的交易请求，完成客票发售、预订及相关交易业务。

(1)售票。实现窗口售票、自动售票及代理/代售的售票方式，对于通过互联网、呼叫中心、手机等方式预订的车票能够在指定窗口和自动售票机上确认和制票。在非正常情况下，可以实现离线售票。

(2)订票。实现有关订票的业务处理，系统提供多种订票渠道，操作人员可以通过订票终端处理旅客的订票请求；旅客也可以通过互联网、电话、手机等方式实现车票的预订。

(3)退票。实现有关已售车票的退票业务处理，操作员通过窗口退票终端进行退票。通过磁记录读写设备读人车票信息进行退票，退票后将该席位状态进行调整，使该席位可重新销售，记录退票的存根信息。

当车票的磁记录损坏无法识读或读写设备故障时，提供人工退票手段，返回席位，记录退票存根；在特殊情况下，提供离线退票的方式；交班时操作人员输入当班的退票金额，记录交班日志。

(4)补票。通过补票功能处理旅客未购车票或已购车票不满足乘车条件的情况，根据具体情况在列车上或车站进行补发售车票。

4. 自动检票子系统

自动检票子系统主要部署在客运车站，完成旅客在进站、出站口自动检票作业，以及相应的管理和监控作业。

5. 数据管理子系统

数据管理子系统数据管理主要完成铁路客票发售和预订系统路网数据、列车运行图数据、交易数据以及历史数据的维护、管理功能，为整个铁路客票发售和预订系统的正常运转提供数据保障。

6.业务管理子系统

业务管理子系统实现对铁路客票发售和预订系统操作人员和操作终端的身份管理、票据管理、代理代售管理以及系统提供的各类接口的管理功能。

(1)身份管理。对使用系统的用户和节点进行角色的分配和权限的管理。

(2)票据管理。通过票据管理功能完成票据的计划、请领、发放、返库等相关业务处理。

(3)代理、代售管理。代理、代售指独立于铁路部门的客票销售代理机构。系统能够实现对代理机构的信息管理、权限设置、收入清算等功能。

(4)接口管理。对系统提供的各类接口进行管理，接口使用要进行授权，并记录接入点的详细信息。

(5)异常业务处理。能够对退错票、废错票等情况提供人工差错纠正手段。

7.储值卡管理子系统

储值卡管理子系统储值卡是铁路或铁路与银行联合发放的具有储值功能的消费卡，用于旅客购票时支付的一种方式。通过储值卡管理功能实现储值卡的发放、充值、消费、清算等业务的管理。

8.席位管理子系统

席位管理子系统是铁路客票发售和预订系统的核心服务系统，为各个系统提供席位的生成、搜索、占用、修改、删除等关键处理服务，利用先进、成熟的数据处理技术，以高效、可靠的处理策略对席位进行管理，保障席位查询占用的高效性、席位修改与存根记录的一致性、席位利用的可追溯性。

9.票价计算子系统

票价计算子系统完成车票票价计算的功能，票价计算依据中国铁路关于高速铁路制订的票价业务规则，实现普通票、签证票、优惠票等票价计算功能，提供详细的票价计算结果。

10.径路计算子系统

径路计算子系统根据旅客的旅行线路需求，在列车运行图信息、线路信息以及其他相关的交通线路信息的基础上进行线路连接计算，为旅客提供存在的各种换乘方案，同时能够根据不同的策略对乘车线路进行优化，提供里程、时间及票价等相关信息。

11.收入管理子系统

收入管理子系统满足客运售票、退票款等收入管理的要求和各级收入部门对旅客运输收入的审核、管理需求，对各类交易数据进行统计汇总。

12.统计子系统

统计子系统为用户提供方便、灵活的报表统计功能，使各级工作人员对于铁路客票发售和预订系统的业务情况、营业状况有较为全面的了解。统计报表分级管理，各级按照业务需求，进行不同的统计和查询。

13.系统管理监控子系统

系统管理监控子系统辅助系统管理人员管理、监控系统相关软硬件基础平台、专用硬件设备、业务系统的运行状态、资源使用情况等，保证系统能够安全、稳定、高效的运行。

3.2.1.3 系统功能

铁路客票发售和预订系统以市场为导向，提供灵活的销售策略执行手段和全面的信息服务，系统从产品设计、生产、销售和服务四个层面为客票业务提供支撑。

产品设计层包括开行方案、票价设定、系统管理、接口应用、运营数据维护等，对铁路客票发售和预订系统基础数据（如路网信息、列车运行图、数据字典等）的进行维护管理，提供灵活的基础票价设定，系统分级权限控制和管理，对外部系统支撑的接口应用，为保证业务运行提供对核心业务流程（如售票、订票等）业务进行监控。

生产层在席位管理上提供灵活、智能的席位控制，以高效、可靠的处理策略对席位进行管理，保障席位占用的高效性、席位售出与销售记录的一致性、席位利用的可追溯性。在生产组织上为客运管理部门提供人员，角色、系统功能、服务渠道、生产机制的全面科学管理。

销售层包括客票发售和预订、销售管理、自动检票、优惠策略、代理代售管理、旅程规划、常旅客管理和生产统计等。销售层为旅客提供丰富的客票销售渠道和灵活的客票销售方式；全程管理旅客的客户信息、订票交易、购票交易和变更交易等，可以追溯旅客订票、取票、改签、检票、乘车等全部旅程信息，对客户进行深度分析，为其他业务提供完整的信息服务；根据市场营销的分析预测结果，在宏观调控的基本票价条件下制定票价优惠规则，吸引更多的客流，使铁路客运效益最大化，等等。

服务层包括服务方式和服务内容，为不同旅客在其出行的各个阶段提供不同的票务服务和信息服务，提高旅客出行的服务质量。

3.2.2 铁路旅客服务系统集成管理平台

我国高速铁路车站通过铁路旅客服务系统集成管理平台（以下简称旅服平台）是向旅客提供服务。旅服平台以到发管理为核心，综合集成广播管理、导向管理、设备管理、接口管理、综合指挥和系统管理等旅客服务子系统，具有深度集成、智能控制、信息共享、集中管控和分散布局等特点，信息化和自动化水平较高。

3.2.2.1 系统架构

旅服平台的架构共分为3部分，分别为国铁集团旅客服务系统、铁路局集团公司旅客服务系统以及车站旅客服务系统，如图3-4所示。

旅客服务系统集中部署在国铁集团中心和铁路局集团公司区域中心，通过铁路旅服网对车站的各种旅客服务设备与设施进行集中管控，设置开放平台向其他系统提供信息。根据管理需要，在铁路局集团公司中心，中心站等设置旅客服务综控台，进行所辖范围业务的集中管理。旅服平台的设置根据运营管理需要，分为铁路局集团公司集中管理（局控模式）、中心站管理（线控模式）和车站独立运行（站控模式）3种运营管理模式。

3.2.2.2 系统功能

从车站操作人员角度来说，旅服平台将车站的列车到发数据通过业务模板生成适用于本站客运服务的客运计划，由旅服平台根据客运计划中的到发时刻和各种人工触发信号自动执行相关的广播、导向、检票等业务。对于列车晚点、股道变更、候车室变更、检票口变更等特殊情况，可采取自动配置或人工干预的方法，在手动模式下执行相关作业，以确保客运站生产作业的正常顺利进行。

从客运站管理人员角度来说，可以通过旅服平台直观地了解各项客运业务的执行情况，迅速获取相关的客运业务统计数据，进一步调整相关的客运业务组织安排；可以借助旅服平台的监控功能，随时了解站内的公共秩序情况，做到及早发现问题尽快排除隐患。

1. 到发管理

(1)到发管理是旅服平台的核心。所有与调度和客运业务相关的操作和管理功能都在到发管理中完成和执行，对外将 TRS/TDMS 信息有效接入，依据图定到发计划模板生成动态客运计划，依据不同的客运命令对动态客运计划进行修订与管理；对内将广播、导向等系统的业务和管理内容集成在一起，根据列车到发情况，对导向、广播等子系统进行相应客运计划的手动、自动下发。

①铁路客票发售和预订系统修改列车基础数据信息后，即向旅服平台发送基本图信息和列车行车日计划；铁路运输调度管理系统实时向旅服平台发送列车运行阶段计划和列车实时到发信息。

②旅服平台根据铁路客票发售和预订系统和运输调度管理系统提供的信息自动生成客运组织计划，平台操作员可根据列车运行实际和车站客流情况在站到发列表功能模块进行客运组织计划调整。

③平台操作员确认客运组织计划后，由旅服平台自动生成检票计划、广播计划、导向计划，并将各计划分别发送给自动检票系统和相关系统。

(2)到发管理包括时刻表维护、线到发配置、站到发配置、站到发列表、线到发列表、时间轴管理、TDMS 展示、手动到发管理等。

①时刻表维护。时刻表维护可以编辑和查看车次的基础信息，导入时刻表信息，同步 TRS 信息，自动或手动编辑列车时刻表信息等。

②线到发配置。线到发配置主要是设置不同车次类型列车的车站到发管理参数，对相应列车的股道、站台、进站方向、检票口和候车室进行配置，生成到发计划。

③站到发配置。站到发配置主要针对独立站控或授权站控使用。操作员可以对列车的调度信息和客运组织信息进行调整和发布。调度信息的调整包括到点、发点、股道信息、预告、车底到列车到达、列车离站等。客运组织信息的调整包括进站检票时间变更、候车室检票口变更、编组变更、立即开检及进站立即停检等。

④站到发列表。站到发列表适用于独立站控或车站授权自控使用。操作员可以对列车的到发计划和客运组织参数进行调整和发布。包括到点、发点、股道信息、调整预告、车底到、列车到达、列车离站、进站检票时间变更、候车室检票口变更、编组变更、进站立即开检、进站立即停检等。

⑤线到发列表。中心综控员可在线到发列表功能区对管控线路各站到发业务进行管控。线到发列表功能与站到发列表功能基本相同。

⑥时间轴管理。时间轴管理功能是图形化的到发计划界面。在该功能区操作员可以根据操作习惯直观地对各车站列车的到点、发点、股道、检票口等信息的进行调整和管控。

⑦TDMS 展示。TDMS 数据展示可针对所选客运段包含的不同站的 TDMS 计划，包括运行图、日计划、阶段计划、列车到发计划等进行展示。

⑧手动到发管理。手动到发管理主要用于普速车站手动控制车站日常旅服业务。当旅服平台管辖车站处于手动模式时，车次不会自动开检、停检、离站，必须手动操作；广播导向（导向部分配置可以自动）也不会自动执行，需要手动执行。

2. 广播管理

广播是最直接、最快速、覆盖面积最大的向车站旅客发布信息的方法，可以用来发布时效性要求较高的重要信息。广播管理是指对本线路各客运站的广播业务进行管理。

通过广播计划的执行，可以给本站旅客在进站、候车、检票、乘车与下车、出站和接站过程中提供听觉方面的引导。

车站按计划播放广播信息。平台操作员负责对自动生成的广播计划和执行情况进行监控，必要时可采取人工广播。平台操作员可以分区域进行专题广播，也可选择人工广播或其他广播形式进行实时广播。车站应根据作业要求编制相应的广播业务模板，业务模板应经铁路局集团公司客运处审核。车站需对业务模板进行较大幅度修改时，应报请铁路局集团公司客运处批准。实行铁路局集团公司集中控制模式的各代管车站可根据现场实际和列车运行情况，向路铁局集团公司综控调度申请变更广播计划，铁路局集团公司综控调度在对代管车站广播计划进行修改后，应对修改内容进行记录。车站广播计划应根据车站站场条件、列车对数、客流情况编制，并根据广播内容的重要性设置“优先等级”，以保证同一区域、同一时段不同广播内容的互不干扰。

广播内容的优先等级以开始检票、停止检票和站台打铃等级最高，检票预告、第二次检票通知、列车到达预告等级次之，列车到达通知、出站口宣传、旅行宣传等级再次之。根据广播内容为必播还是插播，确定高等级广播内容的覆盖或优先的方式。

大型枢纽车站根据本站作业密度可适当增加英语广播内容，英语广播以检票作业内容为主，英语广播的内容必须经过相关部门审核后播放。

广播管理主要包括业务广播、人工广播、音量调节、广播模板、专题编排等。

（1）业务广播

业务广播计划是指根据列车的调度客运组织计划生成的广播计划，业务广播计划以自动和手动两种方式下发给广播系统，给客运站工作人员及旅客提供接站、出站、候车、开停检、列车到达等方面的听觉引导服务。业务广播功能包括日常广播、变更广播和应急广播。

（2）人工广播

可通过人工广播实现对不同广播区域使用广播声卡、卡座、CD、话筒等不同信源进行广播与监听功能。人工广播功能包括广播区显示、信源显示、播放队列、TTS 信源和辅助功能等。

（3）广播模板

广播模板包括模板配置和广播词配置。广播模板配置可根据到点或发点时间基准触发信号，在不同的作业区域配置不同的作业内容，提供业务广播模板，与到发管理下发车次计划相结合形成业务广播计划。广播词配置可以添加、修改和删除不同广播模板的不同类型的广播词，配合语音库播放。

(4)专题编排

专题编排可将一条音频信息或者一条文本信息进行素材入库，然后将入库的素材信息生成专题计划。专题编排功能区主要有素材分组区素材显示、广播词录入、广播计划模板显示和广播分区操作等功能。

生成了专题计划的素材，可以在人工广播界面的专题广播选项卡里面进行播放。进行专题广播播放时，相关广播区域内正在进行的广播优先级如果低于专题广播优先级，系统将自动打断该广播，播放专题广播，广播结束后，被打断广播继续广播。

3. 导向揭示管理

导向揭示管理是铁路车站向旅客发布信息的主要手段。导向揭示系统采用电子屏幕显示的方式。导向揭示管理是对本线路所管辖车站的导向设备进行管理。平台操作员对生成的导向计划和自动执行情况进行监控，必要时进行人工干预，确保动态导向信息准确

导向管理功能包括业务导向、人工导向、导向模板、版式编辑、异步屏管理、多媒体管理、窗口屏管理等。

(1)业务导向

业务导向计划是指对车站的导向业务制定的业务计划。通过对业务计划的执行，可以为旅客在进站、候车、检票、乘车与下车、出站、接站等提供及时准确的动态信息服务。

业务导向计划主要显示列车导向业务计划和执行状态，能够对未执行或执行失败的业务下发立即执行命令，对正在执行的业务下发停止命令，还可以切换手动计划和自动计划，操作执行相应的业务导向计划。

(2)人工导向

人工导向是对车站所有引导揭示屏的显示内容进行直接人工操作。引导揭示屏分为LED屏和PDP/LCD屏。

(3)导向模板

导向模板是一项配置类型的功能模块，它主要是为各种列车类型建立相应的模板信息，即把列车类型、屏类型、作业、版式联系起来。旅服平台利用导向模板，再根据到发管理模块下发的列车信息，生成相应的业务导向计划，即什么时间，哪种业务，哪些屏需要显示，显示什么版式。

(4)版式编辑

根据车站给定的版式，在该模块预览区内进行编辑，并把编辑好的属性元素，保存为车站需要的引导屏版式，在预览区可以直观地看到屏版式的排版。

(5)异步屏管理

异步屏管理是对各个位置的屏信息进行预览，可刷新、校时、关屏、开屏和调整屏亮度。

(6)多媒体管理

多媒体管理是对车站的同步屏、PDP/LCD屏的管理，能够及时、准确地配置其更新信息。

(7)窗口屏管理

窗口屏管理能够及时、灵活地更新车站售票窗口信息，主要是对售票窗口屏信息进行预览以及对屏进行上屏、下屏、开屏和关屏操作。

4. 接口管理

接口管理包括 AFC 接口管理和 TRS 接口管理。

(1)AFC 接口管理

AFC 接口管理包括闸机位置树状显示、按钮区和闸机信息显示等功能。AFC 接口管理是录入闸机设备信息,为连通到发与检票系统做准备工作。

通过该接口,旅服平台将检票计划下发到相应的检票闸机,为旅客提供进出站自助检票服务。闸机检票车次、开始检票和停止检票指令要与广播、引导系统发布的信息相吻合。进出站检票区域应有客运人员值守,负责本区域的自动检票机管理和旅客服务,引导旅客正确使用自动检票机检票。遇系统故障或旅客无法通过自动检票机时,引导旅客通过人工检票口进出站。

(2)TRS 接口管理

TRS 接口管理是对联通客票数据进行环境配置,录入列车时刻、列车停靠站余票信息等数据至旅服平台,调图时进行数据录入、同步、比对工作。

3.2.2.3 系统应用

1. 铁路车站监控系统

旅服平台运用多媒体技术、计算机网络技术和音频、视频技术实现对高速铁路车站整个站区内的服务对象和服务设施进行监控,形成铁路车站监控系统方便车站工作人员观察车站及旅客状态,提高了车站综合管理和服务水平。通过在车站综合监控室设置显示大屏,显示监控视频画面、计算机图形图像信息,实现了集中监视、统一管理、联动控制等功能,在突发情况下可作为应急指挥中心使用。

铁路车站监控系统通过流媒体服务与综合视频监控平台流媒体服务连接,采用摄像、编解码、流媒体转发、存储、检索、大屏幕显示、网络、计算机等设备和技术,传输控制命令并获取视频监控平台管理的车站大厅、候车室、检票口、站台等区域的摄像机实时视频画面和视频录像;同时将前端各种摄像机产生的流媒体进行保存,并根据指令转发到终端设备并还原。监控系统可以接收并执旅服平台的指令,实现报警联动、录像管理、设备远程维护及管理等功能,如图 3-4 所示。

2. 铁路旅客查询系统

铁路旅客查询系统是由旅客主动发起的信息传输方式。旅服平台以本地数据库和查询模块为主要数据源,采用触摸屏、计算机、多媒体、网络等设备,为旅客提供列车、票价、席位、服务设施、站区环境等相关信息。铁路旅客查询系统也对广播和导向等信息发布进行的补充。

铁路旅客查询系统一般提供的查询内容有:列车时刻表、列车停靠站信息、车次信息、票价信息、车站基础信息查询、铁路旅行常识等。

3. 铁路车站旅客求助系统

铁路车站旅客求助系统建立了旅客与车站工作人员直接沟通的渠道,使车站工作人员能够及时响应旅客临时或紧急的求助需求。

铁路车站旅客求助系统由求助主机、值班分机、求助按钮、呼叫分机、录音工作站构成,系统结构如图 3-5 所示。铁路车站旅客求助系统一般在站台、候车厅、进出站大厅、售票厅等旅客聚集位置设置求助按钮,在车站服务台、综合监控室设置值班分机,旅客可以通过求助电话

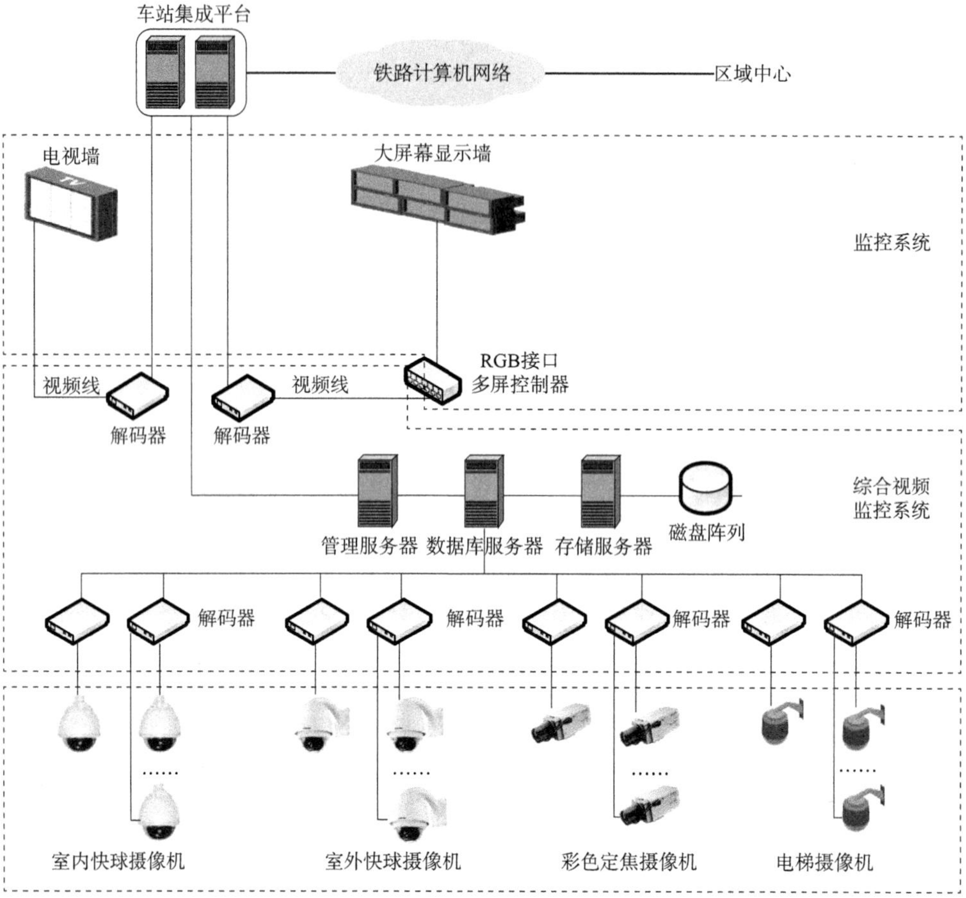

图 3-4　铁路车站监控系统

进行通话以获得帮助。

铁路车站旅客求助系统可以与铁路车站监控系统进行联动,使监控摄像机自动定位求助旅客,使车站工作人员可以在第一时间查看求助旅客的位置和状态。

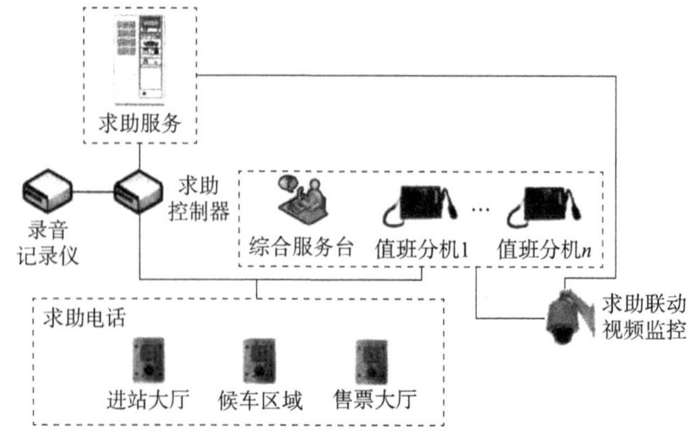

图 3-5　铁路车站旅客求助系统框架

4 高速铁路车站作业组织

4.1 接发列车

4.1.1 岗位设置

传统的调度指挥方式是列车调度员→车站值班员→列车司机，而高速铁路由于其技术装备的先进，作业环节少，自动化程度高，调度指挥方式为列车调度员→列车司机，效率大大提高。

高速铁路调度指挥采取调度集中分散自律控制模式。调度集中分散自律控制模式分为中心操作方式、车站调车操作方式和车站操作方式。在中心操作方式下，调度终端具有信号设备的全部控制权，列车调度员对列车及调车进路均有操作权，车站对列车及调车进路均无操作权。在车站调车操作方式下，列车调度员对列车进路有操作权，对调车进路无操作权。而车站对调车进路有操作权，对列车进路无操作权。在车站操作方式下，车务终端具有信号设备的全部控制权，车站对列车及调车进路均有操作权，列车调度员对列车及调车进路均无操作权。车站调度集中基本操作方式由铁路局集团公司统一公布。车站控制是指调度集中区段车站在车站操作方式或非常站控模式下，由车站值班员负责办理列车及调车进路的状态。

4.1.2 岗位职责

高速铁路车站一般不设固定的车站值班员(车站控制时应设车站值班员)，集控站设车务应急值守人员，由车务具有车站值班员职名的人员担任。车务应急值守人员在车站行车室(设置有调度集中车站控制终端的处所)值守。

车务应急值守人员的职责：

1. 在正常情况下，车务应急值守人员不参与行车工作。车务应急值守人员在值守期间内应坚守岗位，不得擅自离开行车监控室。遇特殊情况需要临时离开时，必须报告列车调度员及车站值班干部并得到批准，明确联系方式后，方可离开。

2. 在设备故障、施工维修、非正常行车等情况下，根据列车调度员指示，车务应急值守人员负责办理以下行车作业：

(1)向司机等相关人员递交书面调度命令。

(2)组织相关人员现场准备进路。

(3)组织相关人员对故障设备进行检查、确认。

(4)按规定对站内到发线停留车辆的防溜措施进行检查、确认。

(5)在特殊情况下与司机办理故障车、事故车有关随车运输票据和回送单据的交接、保管工作。

(6)组织应急救援,完成信息传递和其他需现场了解、检查确认的工作。

(7)根据调度员的指示,进行分散自律控制与非常站控模式转换的操作,并在“CTC控制模式转换登记簿”内登记。

(8)按规定做好“行车设备检查登记簿”“行车设备施工登记簿”的登销记工作,并及时向列车调度员(助理)汇报。

(9)采用车站调车操作方式的车站,车务应急值守人员还应担当调车领导人并负责办理调车进路。

电务、工务人员应根据车务应急值守人员指示,协助办理(2)(3)(6)项有关作业。采用车站调车操作方式的车站,车务应急值守人员还应担当调车领导人并负责办理调车进路。

4.1.3 高速铁路接发列车办理

车站应不间断地接发列车,严格按列车运行图行车。车站值班员办理接发列车(列车调度员人工办理接发列车)时,应亲自办理闭塞、布置进路(包括听取进路准备妥当的报告)、开闭信号、交接凭证。由于设备或业务量关系,车站值班员除布置进路(包括听取进路准备妥当的报告)外,其他各项工作可指派信号员或其他人员办理;列车调度员人工办理接发列车时,除办理闭塞、布置进路(包括听取进路准备妥当的报告)外,其他各项工作可指派车务应急值守人员或其他人员办理。

人工办理进路接车前,必须亲自或通过有关人员确认接车线路空闲、影响进路的调车作业已经停止后,方可准备进路、开放进站信号机,准备接车;人工办理进路发车前,确认影响进路的调车作业已经停止后,方可准备进路、开放出站信号机,交付行车凭证。

下达准备接发车进路命令时,必须简明清楚,正确及时,讲清车次和占用线路(一端有两个及以上列车运行方向或双线反方向行车时,应讲清方向、线别),并要受令人复诵,核对无误。

人工准备进路时,应严格按照接发列车命令、调车作业计划执行。在扳动道岔、操纵信号时,认真执行“一看、二扳(按)、三确认、四显示(呼唤)”制度;对进路上不需扳动的道岔,也应认真进行确认。其他人员接发列车进路准备完了后,应及时报告车站值班员或列车调度员(能从设备上确认的除外)。

人工办理时,开放信号机的时机在铁路局集团公司《高速铁路行车组织细则》中规定。出站信号机已开放或行车凭证已交付,如需取消发车进路,列车调度员(车站控制时为车站值班员)应与司机联系,确认列车尚未起动,收回行车凭证后,再取消发车进路。

1. 接发列车应在正线或到发线上办理,并应遵守下列原则:

(1)旅客列车应接入规定线路。

(2)动车组列车在车站办理客运业务时,须固定股道、固定站台、固定停车位置。动车组列车遇特殊情况需变更办理客运业务的固定股道时,须经调度所值班主任(值班副主任)准许。

(3)通过列车原则上应在正线办理。原规定为通过的旅客列车由正线变更为到发线接车及动车组列车、特快旅客列车遇特殊情况必须变更基本进路时，须经列车调度员准许，并预告司机；如来不及预告时，应使列车在站外停车后，开放信号机，再接入站内。

(4)动车组列车按列控车载设备方式行车时，禁止在未设置列控信息的股道及进路上接发。

2. 在非正常情况下，集控站转为车站控制时，车务应急值守人员应报告站段指派胜任人员赶赴现场，协助做好非正常行车工作。

除因危及行车安全必须立即转换为非常站控外，列车调度员提出需转为非常站控时，须经调度所值班主任(值班副主任)准许。

转为非常站控时，车务应急值守人员和列车调度员须在"CTC 控制模式转换登记簿"内登记，记明转换的原因；车务应急值守人员与列车调度员核对设备状况、站内停留车情况、列车运行计划、邻站(线路所)控制模式及与本站(线路所)有关的调度命令等情况。转为非常站控后，应通知司机车站(线路所)转为非常站控。

转为非常站控的原因消除后，双方在"CTC 控制模式转换登记簿"内登记，并及时转回。

4.1.4 分散自律与非常站控的转换

在分散自律模式下，由列车调度员直接办理行车，但出现 CTC 设备故障、施工维修作业需要、发生危及行车安全等情况时，可转换为非常站控模式，由车务应急值守人员担当车站值班员，在列车调度员的指挥下，办理行车工作。

1. 在分散自律控制模式下，车务应急值守人员接到或发现危及行车安全的情况需要转为非常站控时，应立即按下非常站控按钮转为非常站控，并及时报告列车调度员。处理完毕后，根据列车调度员的指示转回分散自律控制模式。除上述情况外，车站转入非常站控模式和转回分散自律控制模式，按列车调度员指示办理。

2. 分散自律模式与非常站控模式相互转换，车务应急值守人员、列车调度员应分别在"行车设备检查登记簿"上登记。

3. 除因危及行车安全必须立即转为非常站控外，列车调度员提出需转为非常站控时，须经调度所值班主任准许，车站盯控人员到岗后，方可转换；车站提出需转为非常站控时，车站盯控人员必须到岗并同意后，方可向列车调度员提出转为非常站控。转非常站控时，列车调度员应通知调度所值班干部上岗盯控，车站值班员应通知盯控人员上岗盯控。

4. 转为非常站控模式的车站办理接发列车作业时，车站值班员须通知司机车站已转为非常站控模式。

5. 转为非常站控模式前，列车调度员须与车务应急值守人员校对列车运行计划、车站及相邻两区间设备情况、有关调度命令和指示、站内到发线占用情况等。

遇危及行车安全的紧急情况需立即转为非常站控模式时，可先转为非常站控模式，但列车调度员与车务应急值守人员必须核对清楚有关行车事项后，方准办理行车。

6. 发生设备故障影响列车运行时，列车调度员须采取应急处置措施后(拦、扣有关列车，呼叫司机等)，方准转为非常站控模式。

由于行车办理权的转换，如果车站值班员不了解有关情况就盲目作业，容易出现安全问题，所以铁路局集团公司对转为非常站控模式前，车务应急值守人员要清楚掌握哪些内容有着严格的规定，具体如下：

(1)“计划清”。车务应急值守人员须与列车调度员核对列车运行计划，确认车次、股道、时刻、运行位置、站内到发线占用情况。

(2)“设备清”。车务应急值守人员须询问列车调度员车站及相邻两区间设备情况，如有设备故障时，须问清故障设备名称，故障地点，影响范围及行车限制条件等。

(3)“命令清”。车务应急值守人员须询问列车调度员与本站有关的调度命令内容及执行情况。

(4)“对象清”。车务应急值守人员须询问列车调度员邻站是否处于非常站控模式，明确办理行车手续的对象。

为保证行车安全，车站转为非常站控模式时，车站值班干部要上岗监护作业并认真执行下列规定：

(1)必须立即到岗。车站值班干部接到车务应急值守人员的报告后，必须立即到行车监控室，掌握相关情况，盯控作业关键。

(2)必须加强盯控。车站值班干部到岗后，须认真盯控进路、行车凭证、调度命令、“运统46”等关键内容，填记“非正常情况下接发列车关键环节控制程序”。

(3)必须及时汇报。车站值班干部必须及时向站段值班室报，重要信息向运输处值班室汇报。

4.1.5 行车凭证

1. 动车组列车在完全监控、引导或部分监控模式下运行时，行车凭证为列控车载设备显示的允许运行信号(允许运行的速度值)。反向运行时，CTCS-3 级列控系统最高允许速度为300 km/h，CTCS-2 级列控系统最高允许速度为 250 km/h。

动车组列车因列控车载设备故障转入隔离模式时，按地面信号显示运行

2. 遇停止基本闭塞改电话闭塞或施工路用列车遇车站(既有线车站除外)出站信号机故障时，以调度命令作为进入区间的行车凭证。

3. 在 CTCS-3 级区段，动车组列车在始发站或折返站发车时，以机车信号作为行车凭证，按 CTCS-3 级目视模式运行。

4. 列车调度员(车站值班员)在排列施工路用列车、救援列车进入封锁区间的进路时，能开放出站(含引导出站)信号机时，以开放信号机(不点灯)准备列车进路，司机凭调度命进入封锁区间；不能开放出站(含引导出站)信号机时，以单操锁闭道岔方式准备进路，通过光带及道岔表示灯确认进路正确，司机凭调度命令进入封锁区间。

5. 列车按 LKJ(列车运行监控装置)方式行车时，行车凭证为机车信号。

6. CTCS-3 级区段遇特殊情况接发动车组列车的行车凭证详见表 4-1。

表 4-1 行车凭证

序号	特殊情况	控车方式	行车凭证	发给行车凭证的依据	附带条件
1	出站信号机(线路所通过信号机)故障时发出列车	LKJ(GYK)控车	调度命令	(1)确认第一个闭塞分区空闲。 (2)确认道岔位置正确及进路空闲	以不超过 20 km/h(动车组列车为不超过 40 km/h)速度运行至第一架通过信号机,按其显示的要求执行
2		隔离模式运行		(1)确认区间空闲。 (2)确认道岔位置正确及进路空闲	以不超过 40 km/h 速度运行至前方站进站信号机(线路所通过信号机)
3	发车进路信号机故障时发出列车	LKJ(GYK)控车	调度命令	(1)确认发车进路空闲。 (2)确认道岔位置正确	以不超过 20 km/h(动车组列车为不超过 40 km/h)速度运行至次一信号机
4	发车进路信号机故障时发出列车	隔离模式运行	调度命令	(1)确认发车进路空闲。 (2)确认道岔位置正确	以不超过 40 km/h 速度运行至次一信号机
5	区间一架及以上通过信号机故障时发出列车	CTCS-2 级控车	列控车载设备显示的允许运行的速度值	确认区间空闲	
6		LKJ(GYK)控车	出站信号机(线路所通过信号机)显示的允许运行的信号		
7	反方向发出列车	CTCS-2 级控车	列控车载设备显示的允许运行的速度值	(1)确认区间空闲。 (2)反方向行车的调度命令	
8		LKJ(GYK)控车	出站信号机(线路所通过信号机)显示的允许运行的信号		

4.1.6 接发列车程序及有关规定

1. 办理列车预告、报点

正常情况下列车的预告手续由 CTC 系统自动完成,不需要人工办理。非常站控模式车站与分散自律控制模式车站或相邻非常站控模式车站间,相邻非调度集中车站与分散自律控制模式车站或非常站控模式车站间办理接发列车时,通过 CTC 或 TDCS 自动办理发车预告、报点。遇无法办理自动预告、报点时,由车站值班员与列车调度员或相邻车站值班员人工办理发车预告、报点。

2. 接发动车组列车"三固定"

接发办理客运业务的动车组列车,须执行"三固定",即固定股道、固定站台、固定停车位置。遇需在非固定到发线接发动车组列车时,须经调度所值班主任准许,列车调度员发布命令。

列车应接运行图规定的股道接发或通过。遇特殊情况需调整时,由列车调度员在列车运行调整计划中进行并发布调度命令。需人工排列进路时,通过 CTC 操作终端进行操作。

3. 取消发车进路

出站信号开放或进入区间行车凭证已交付,如需取消发车进路,列车调度员(非常站控模式时为车站值班员)应及时与司机联系,确认列车尚未起动后,口头通知司机后,再取消发车进路。

列车调度员使用无线传送系统向司机下达书面调度命令时,司机应及时签认接收。司机对其内容有疑问时,须立即向列车调度员询问。

4. 道岔加锁

进站、接车进路信号机不能使用时,应使用引导信号。引导信号无法使用时,列车调度员应向司机发布调度命令,司机根据调度命令越过该信号机。引导接车时,列车以不超过 20 km/h(动车组列车为不超过 40 km/h)速度进站,并做好随时停车的准备。在无联锁的线路上接发列车时,除严格按接发列车手续办理外,并应将进路上无联锁的道岔及邻线上防护道岔加锁。进路上无联锁的分动外锁闭道岔无论对向或顺向,均应对密贴尖轨、斥离尖轨和可动心轨加锁。具体加锁办法,由铁路局集团公司规定。如上海局集团公司对无联锁或联锁失效时道岔加锁办法为:

(1)道岔勾锁器配备及管理的规定。

①车站(线路所)按道岔类型配备勾锁器,数量须满足车站(线路所)办理接、发列车进路时道岔(包括防护道岔)加锁的需要。

②加锁装置包括密贴尖轨勾锁器、可动心轨勾锁器、斥离尖轨勾锁器(挂锁)。

③勾锁器应进行编号管理。

(2)道岔加锁、紧固位置的有关规定见表 4-2。

表 4-2 道岔加锁、紧固位置的有关规定

紧固、加锁数量及位置道岔类型		配置数量(副)			紧固、加锁位置
		密贴尖轨钉闭器、勾锁器	斥离尖轨限位器、勾锁器	可动心轨钉闭器、勾锁器	
辙叉号为 12 号的分动外锁闭道岔以及 2 台转辙机牵引的辙叉号为 9 号的分动外锁闭道岔	紧固	1	1		密贴尖轨、斥离尖轨第一转辙机处
	加锁	1	1		密贴尖轨、斥离尖轨第一转辙机处
4 台转辙机牵引的辙叉号为 12 号的分动外锁闭可动心道岔	紧固	1	1	1	密贴尖轨第二,斥离尖轨第二,可动心轨第二转辙机处
	加锁	1	1	1	密贴尖轨、斥离尖轨、可动心轨第一转辙机处
辙叉号为 18 号的分动外锁闭道岔以及 5 台转辙机牵引的辙叉号为 12 号的分动外锁闭可动心道岔	紧固	2	2	1	密贴尖轨第二、第三,斥离尖轨第二、第三,可动心轨第二转辙机处
	加锁	1	1	1	密贴尖轨、斥离尖轨、可动心轨第一转辙机处

续上表

<table>
<tr><th colspan="2" rowspan="2">紧固、加锁数量及位置道岔类型</th><th colspan="3">配置数量(副)</th><th rowspan="2">紧固、加锁位置</th></tr>
<tr><th>密贴尖轨钉闭器、勾锁器</th><th>斥离尖轨限位器、勾锁器</th><th>可动心轨钉闭器、勾锁器</th></tr>
<tr><td rowspan="2">辙叉号为 30 号的分动外锁闭道岔</td><td>紧固</td><td>3</td><td>2</td><td>1</td><td>密贴尖轨第二、第四、第六,可动心轨第二,斥离尖轨第四、第五转辙机处</td></tr>
<tr><td>加锁</td><td>3</td><td>2</td><td>1</td><td>密贴尖轨第一、第三、第五,可动心轨第一,斥离尖轨第一、第二转辙机处</td></tr>
<tr><td rowspan="2">辙叉号为 42 号的分动外锁闭道岔</td><td>紧固</td><td>3</td><td>2</td><td>1</td><td>密贴尖轨第二、第四、第六,可动心轨第二,斥离尖轨第四、第五转辙机处</td></tr>
<tr><td>加锁</td><td>3</td><td>2</td><td>1</td><td>密贴尖轨第一、第三、第五,可动心轨第一,斥离尖轨第一、第二转辙机处</td></tr>
<tr><td rowspan="2">法国科吉富道岔</td><td>紧固</td><td>2</td><td></td><td>1</td><td>尖轨第一、第三动作杆,可动心轨动作杆处</td></tr>
<tr><td>加锁</td><td>2</td><td></td><td>1</td><td>尖轨第一、第三动作杆,可动心轨动作杆处</td></tr>
</table>

注:道岔加锁位置,由车站做好标记,发现标记颜色脱落、不清晰时,应重新涂漆。

5. 车务应急值守人员非常站控模式接发列车作业标准

(1)非常站控模式接车(通过)作业流程如图 4-1 所示,非常站控模式接车(通过)作业标准见表 4-3。

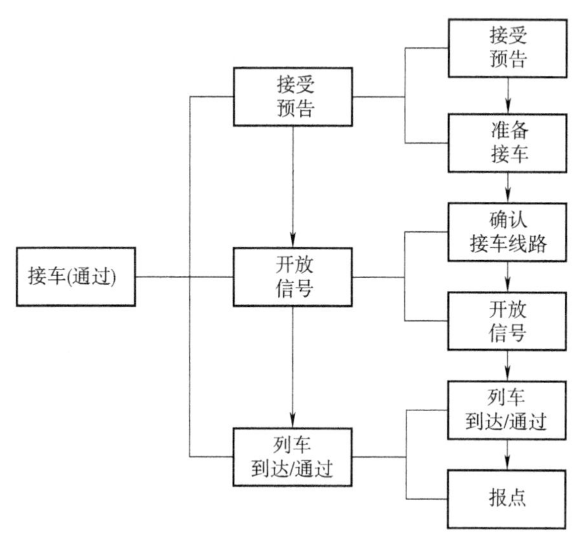

图 4-1 接车(通过)作业流程

表 4-3　非常站控模式接车(通过)作业标准

作业程序		岗位作业标准	说明事项
程序	项目	车站值班员	
一、接受预告	1. 接受发车预告	(1)接受发车站车站值班员(列车调度员)预告并复诵:"××(次)预告"	
		(2)在电子"行车日志"中同意预告;在《班计划表》相应车次栏打"√"	遇无法填记电子"行车日志"时,填记书面"行车日志"
	2. 准备接车	(3)按列车运行计划核对车次、时刻、股道、命令、指示,必要时与列车调度员联系	
		(4)确定接车线。条件具备时,在 ILOCK 系统相应股道添加到达车次,钮解股道接车终端按钮	接发动车组无法按"五固定"时,要及时与列车调度员汇报,申请调度命令
二、开放信号	3. 确认接车线	(5)复诵发车站(列车调度员)开车通知:"××(次)××:××开(通过)";在"班计划""邻站发车"栏打"√"	
		(6)核对电子"行车日志""班计划表"	遇列车开车(通过)无法自动采点时,手工填记电子"行车日志";遇电子"行车日志"无法使用时,填记书面"行车日志"
		(7)通知司机本站已转非常站控模式并听取复诵,用语:"××(次)司机,××站已转非常站控"	
		(8)通知客运人员	
		(9)确认接车线路空闲,并通过 CTC 终端再次确认车序	区间有多趟列车运行时,注意重点注意列车顺序
		(10)停止影响进路的调车作业。确认停止后,口呼:"影响进路的调车作业已停止"	提前 10 min 停止调车作业;无影响进路的调车作业时,此项作业省略
	4. 开放信号	(11)需要点灯的情况下点灯	遇下列情况,车站进出站信号机应点灯: ①接入列控车载设备故障转入隔离模式的列车。 ②接入机车信号和 LKJ 故障的列车时。 ③接发施工路用列车时。 ④在未设调车信号机的车站或线路上进行调车作业以及需越出站界调车时
		(12)开放进站信号。用语"××次×道接车开放信号";口呼:"进站",按下始端按钮;口呼:"×道"(正线通过时,口呼:"出站")按下终端按钮。确认光带、信号显示正确,口呼:"信号好(了)";钮封股道发车按钮	列车通过时,应办理有关发车程序
		(13)执行车机联控	①动车组列车运行中不进行车机联控;车站由分散自律控制模式转为非常站控,且按电话闭塞法行车时,应执行车机联控,车站值班员应主动呼叫司机。 ②非动车组运行均需车机联控。 ③不需要车机联控时,此项省略

续上表

作业程序		岗位作业标准	说明事项
程序	项目	车站值班员	
三、列车到达（通过）	5. 列车到达通过	（14）通过控制台监视进路、信号及列车进（出）站	
		（15）通过控制台确认列车进入（通过）接车线	
		（16）对通过列车通知接车站（列车调度员）："××（次）××：××通过"，并听取复诵	接车站为非常站控模式时，向接车站车站值班员报点；接车站为分散自律模式时，向管辖接车站的列车调度员报点
		（17）核对电子"行车日志"	遇列车开车（通过）无法自动采点时，手工填记电子"行车日志"；遇电子"行车日志"无法使用时，填记书面"行车日志"
	6. 报点	（18）向列车调度员报点："×站报点，××（次）××：××到（通过）"；到达车次还需待列车采点后通过 CTC 修改折返车次	本站计算机报点系统故障且接车站为非常站控模式时，执行此项，否则此项省略

（2）非常站控模式发车作业流程如图 4-2 所示，非常站控模式发车作业标准见表 4-4。

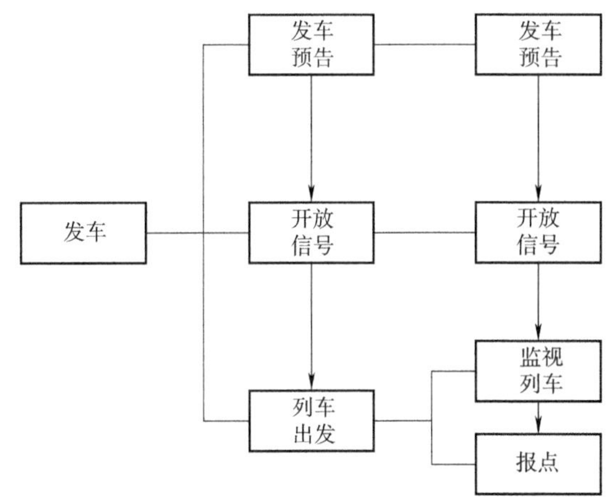

图 4-2　发车作业流程

6. 信号机的点灯、灭灯的操作

和既有线不同，由于列车运行的速度高，司机不可能凭肉眼判别地面信号的显示，而是通过司机驾驶室的仪表显示来确认信号显示。在 CTCS -3 级区段，车站进站、出站、进路信号机正常状态不显示。车站联锁设备设置"点灯"按钮和"灭灯"按钮，与对应的进站、进路或出站信号机列车按钮结合操作，实现对进站、进路或出站信号机的点灯和灭灯控制。

调车信号机及动车段（所）的信号机正常状态点亮。

CTCS-3 级区段遇下列情况，车站进站、出站信号机应点灯：

（1）接入列控车载设备转入隔离模式的列车时。

（2）接入机车信号和 LKJ 故障的列车时。

（3）接发路用列车时。

(4)在未设调车信号机的车站或线路上须越出站界进行调车作业时。

注意：只有在站间区间空闲的情况下，才能点亮出站信号机。

表 4-4　非常站控模式发车作业标准

作业程序		岗位作业标准	说明事项
程序	项目	车站值班员	
一、发车预告	1. 发车预告	(1)按列车运行图、“班计划”、调度阶段计划核对线别、车次、股道、时刻、命令、指示无误后，向接车站（列车调度员）发出：“×（次）预告”，并听取复诵；在《班计划》相应车次栏打“√”	接车站为非常站控模式时，向接车站车站值班员办理预告；接车站为分散自律模式时，向接车站管辖的列车调度员办理预告
		(2)通过电子“行车日志”发出预告。钮解相应股道发车始端信号按钮	遇电子“行车日志”故障时，填记书面《行车日志》；邻站为分散自律时，此项省略
二、开放信号	2. 开放信号	(3)停止影响进路的调车作业。确认停止后，口呼：“影响进路的调车作业已停止”	提前 10 min 停止影响进路的调车作业。无影响进路的调车作业时，此项作业省略
		(4)检查确认第一离去区段空闲（或区间空闲）	发车不需要点灯时，确认第一离去区段空闲；发车需要点灯时，确认区间空闲
		(5)需要点灯的情况下点灯，用语：“×道点灯”，并点亮相应发车端出发信号灯	遇下列情况，车站进出站信号机应点灯： ①接入列控车载设备故障转入隔离模式的列车。 ②接入机车信号和 LKJ 故障的列车时。 ③接发施工路用列车时（城际铁路此项不点灯）。 ④在未设调车信号机的车站或线路上进行调车作业以及需越出站界调车时
		(6)开放出站信号，用语：“×道×次发车开放信号”；口呼：“×道”，按下始端按钮；口呼：“出站”，按下终端按钮。确认光带、信号显示正确，口呼：“信号好（了）”	
		(7)按规定车机联控	①动车组列车运行中不进行车机联控；车站由分散自律控制模式转为非常站控，且按电话闭塞法行车时，应执行车机联控，车站值班员应主动呼叫司机。 ②非动车组运行均需车机联控。不需要车机联控时，此项省略
三、列车出发	3. 监视列车	(8)列车启动，通知接车站（列车调度员）：“××（次）××：××开”，并听取复诵	接车站为非常站控模式时，通知接车站车站值班员；接车站为分散自律模式时，向接管辖车站的列车调度员报点
		(9)核对“行车日志”	遇列车开车后无法自动采点时，手工填记电子“行车日志”；遇电子“行车日志”无法使用时，填记书面“行车日志”
		(10)通过控制台确认列车整列出站。钮封股道出发信号机按钮	
	4. 报点	(11)向列车调度员报点：“×站报点，××（次）××：××开”	本站计算机报点系统故障且接车站为非常站控模式时，执行此项，否则此项省略

4.2 调车作业

4.2.1 调车作业指挥系统

高速铁路车站的调车作业由调度员担当调车领导人。由分散自律控制转为非常站控的车站调车作业，由车站值班员担当调车领导人。

4.2.2 调车作业计划的下达、变更

1. 调车作业时，应使用机车综合无线通信设备、调度台（车站）FAS 终端或注册的 GSM-R 手持终端进行联系。

2. 调车指挥人应根据调车作业计划制定具体作业方法，连同注意事项，亲自向司机交递和传达；对其他有关人员，应亲自或指派连结员进行传达。

3. 变更调车作业计划时，调车领导人应通知调车指挥人（无调车指挥人时为司机）停止作业，重新编制调车作业计划并下达，待司机和有关人员清楚无误后，方可继续作业。

开放调车信号的流程如图 4-3 所示。

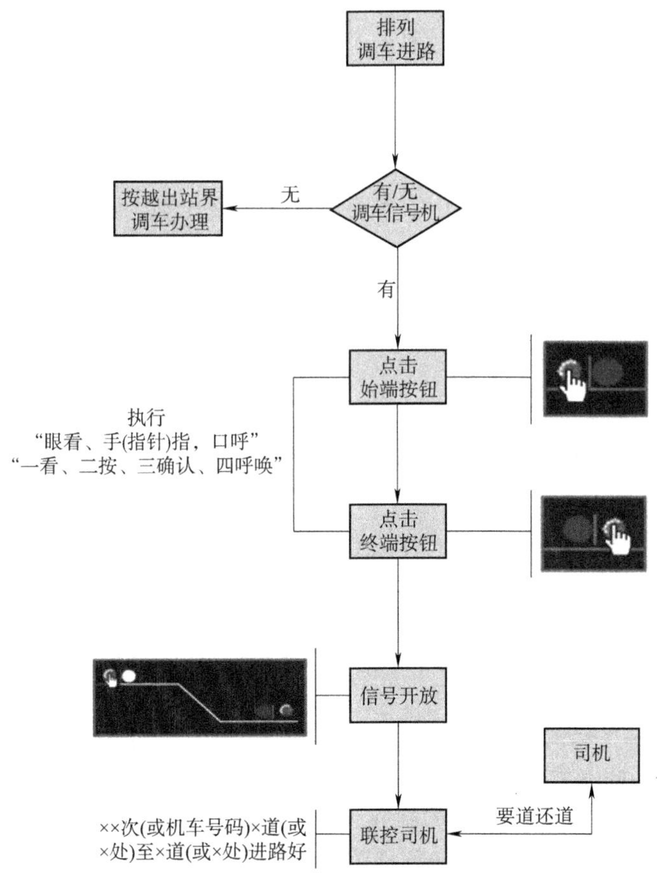

图 4-3 开放调车信号流程

4.2.3 动车组调车作业

1. 动车组列车调车作业原则上采用自走行方式，列控车载设备应置于调车模式，凭地面调车信号机的显示运行。

2. 调车信号机故障不能开放时，进路准备人员应将相关道岔操纵至所需位置并单独锁闭，在调车进路准备妥当后通知调车指挥人（司机）准许越过故障的调车信号机。

3. 动车组列车禁止连挂其他机车车辆（救援机车、附挂回送过渡车以及动车组无动力调车时的调车机车、公铁两用牵引车除外）调车。

4. 动车组列车进行调车作业时，列控车载设备应置于调车模式，凭地面调车信号机的显示运行。在未设凋车信号机的车站或线路上须越出站界进行调车作业时，由列车调度员办理列车进路，并点亮相应的进、出站信号机，司机根据列车调度员的调度命令和进出站信号机的显示进行调车作业。出站时开放出站信号按完全监控模式运行，或者开放出站引导信号按引导模式运行；进站时开放进站信号机按目视行车模式运行，或开放进站引导信号按引导模式运行。调车时最高运行速度不超过 40 km/h。

5. 动车段（所）设动车组列车调车司机，负责动车组列车在动车段（所）内调车、试运行等调移动车组列车作业。

6. 采用机车调车作业时，随车机械师或动车段（所）胜任人员负责过渡车钩、专用风管和电气连接线的连接和分解并打开车门，调车人员负责车钩摘解、软管摘结。

7. 在车站进行转线调车作业时，严禁在未设调车信号机的岔区办理折返作业。（说明：岔区无调车信号机，如仅靠人工联系确认过岔，安全隐患较大）。

8. 动车组列车调车作业原则上采用自走行方式，司机应在动车组运行方向的前端操作。在不得已情况下必须在后端操作时，应指派随车机械师或其他胜任人员在前端指挥，发现危及行车或人身安全时，应立即通知司机停车。后端操作时，动车组运行速度不得超过 15 km/h。

4.2.4 自轮运转设备的调车作业

1. 单机、轨道车及其他自轮运转设备在高铁车站、区间及联络线调车作业时，应使用机车综合无线通信设备（CIR）进行联系。

2. 单机、轨道车及其他自轮运转设备在未设调车信号机的车站或线路上调车作业时，比照动车组调车作业办法，由列车调度员办理列车进路，并点亮相应的进、出站信号机，司机根据列车调度员的调度命令和进出站信号机的显示进行调车作业。

4.2.5 越出站界调车

1. 办理越出站界调车时，列车调度员应确认区间（自动闭塞区间正方向为第一个闭塞分区）空闲。

2. 司机必须确认车列全部越过该线进站（反方向进站）信号机后，及时向列车调度员（车站值班员）汇报，列车调度员（车站值班员）得到汇报后，方准排列进路。

3. 在车站进行转线调车作业时，严禁在末设调车信号机的岔区办理折返作业。在不具备利用牵出线调车的情况下，调车作业均按越站调车作业办理。

越出站界调车流程如图 4-4 所示。

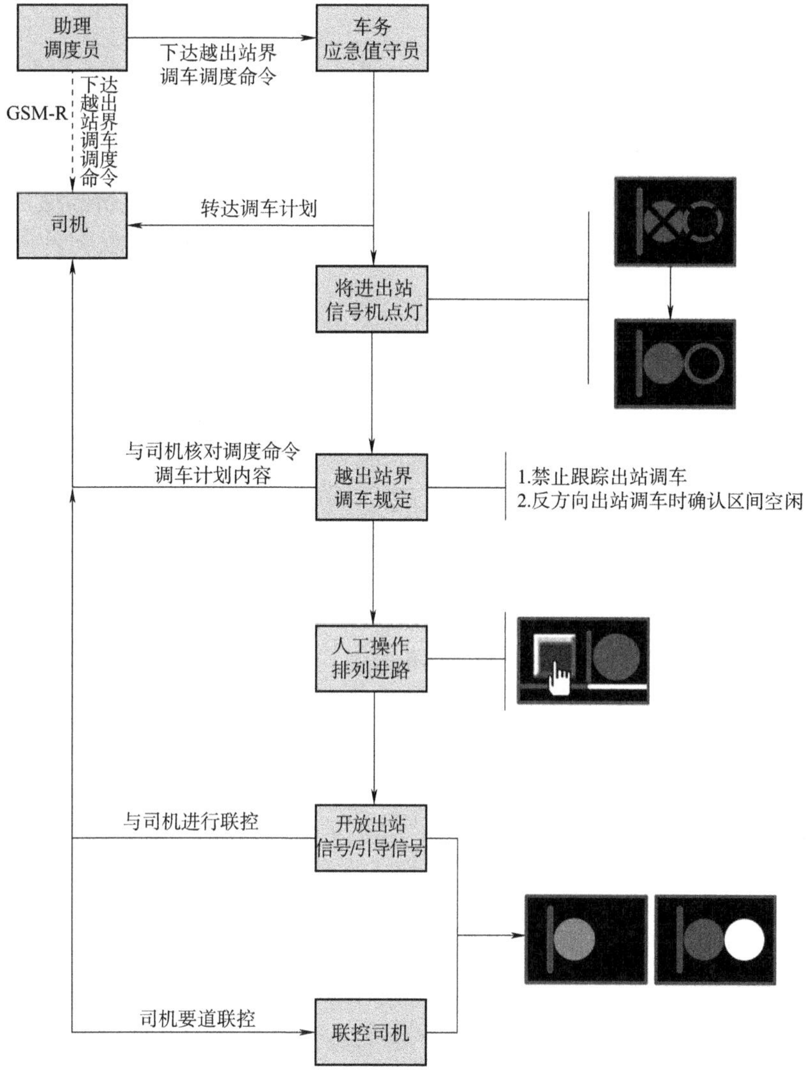

图 4-4　越出站界调车流程

4.2.6　车辆停留与防溜

1. 在动车组列车运行时段，车站到发线禁止停留动车组以外的其他机车车辆。

2. 在动车组列车运行时段以外，允许上道的轨道车、大型养路机械等自轮运转设备、机车及其他施工车辆在车站停留时，由司机或设备使用单位负责防溜措施的设置和撤除并看守。

3. 动车组列车在车站或区间无动力停留时，有停放制动装置的动车组，由司机负责将动车组列车处于停放制动状态；无停放制动装置的动车组或在 20‰以上的区间无动力停留时，由司机通知随车机械师进行防溜，防溜时应使用铁鞋牢靠固定。

注意：在高铁车站，必须对铁鞋加强管理，车站与各单位轨道车配备的铁鞋必须独立编号，以便明确责任。

4.2.7 其他规定

1. 同一股道只允许一端调车作业，禁止两端同时向同一股道排列调车进路。当排列接车进路后，禁止办理占用防护区段的调车作业。

2. 当未设调车信号机的车站在非常站控模式下需要调车作业时，由车站值班员汇报列车调度员，由列车调度员确认区间空闲、通知相邻站后，方可通知车站值班员办理列车进路，点亮相应的进、出站信号机，组织调车。作业完毕，由车站值班员汇报列车调度员并告知邻站，由列车调度员的确认后方可组织行车。

3. 调车作业必须由司机与进路准备人员（列车调度员或车站值班员）进行调车联控。两组及以上轨道车（含其他自轮运转特种设备，下同）连挂在一起运行时，进路准备人员仅与运行前端的轨道车进行联控。司机应使用机车综合无线通信设备（CIR）或 GSM-R 手持终端进行调车联控；进路准备人员应使用固定用户接入交换机（FAS）终端进行调车联控，FAS 终端故障时可使用 GSM-R 手持终端进行。

4. 执行联控时，遇一方未主动联控，另一方应及时联系，要求对方及时补充联控；执行联控后，司机应认真确认进路正确（设置信号处还应确认其显示正确），严禁臆测。作业中没有请求进路，不得排列进路。未联控成功，司机不得动车，待原因查明后，方可继续调车作业。

5. 接发动车组列车时，须提前 10 min 停止进路上的调车作业和对列车运行安全有影响的其他作业。

6. 遇车站不能开放调车信号或越出站界调车不能开放出站信号时，调车领导人应将相关道岔操纵至所需位置并在控制台上加锁，在调车进路准备妥当后，通知司机并告知需越过的信号机（越出站界调车时还应发布调度命令），动车组司机须人工转为目视模式作业。

7. 动车组、单机、轨道车及其他自轮运转设备在高铁车站、区间及联络线调车作业时，应使用机车综合无线通信设备（CIR）进行联系。

8. 未设调车信号机的车站或线路上调车作业的补充规定：

（1）单机、轨道车及其他自轮运转设备在未设调车信号机的车站或线路上调车作业时，比照动车组调车作业办法，由列车调度员办理列车进路，并点亮相应的进、出站信号机，司机根据列车调度员的调度命令和进出站信号机的显示进行调车作业。

（2）当未设调车信号机的车站在非常站控模式下需要调车作业时，由车站值班员汇报列车调度员，由列车调度员确认区间空闲、通知相邻站后，方可通知车站值班员办理列车进路，点亮相应的进、出站信号机，组织调车。作业完毕，由车站值班员汇报列车调度员并告邻站，由列车调度员的确认后方可组织行车。

（3）在车站进行转线调车作业时，严禁在未设调车信号机的岔区办理折返作业。

4.3 施工维修

4.3.1 施工维修的基本要求

列车调度台、车站应设置“行车设备施工登记簿”“行车设备检查登记簿”。具备条件时，可通过施工维修登销记信息系统进行行车设备施工、维修及设备故障的登记和销记。

在调度台办理登、销记手续时，工务、信号、通信、供电、车辆、房建等部门须各指定一名具有协调能力、熟悉作业情况的胜任人员，作为本部门作业单位驻调度所联络员；在车站办理登、销记手续时，由相关单位在车站安排驻站联络员。驻调度所(驻站)联络员负责向作业单位(配合单位)作业负责人传达有关命令。

各作业单位施工、维修作业完毕后，须及时向驻调度所(驻站)联络员报告。驻调度所(驻站)联络员办理销记手续。施工作业完毕，但未达到正常放行列车条件时，驻调度所(驻站)联络员应在“行车设备施工登记簿”内登记行车限制条件；在设备达到正常放行列车条件后，及时销记。

车站为非驻所登销记区段，遇行车设备故障时，列车调度员应立即通知相关站车务应急值守人员(非集控站行车设备故障时，列车调度员不再通知)。车务应急值守人员接到通知后，应立即在车站“行车设备检查登记簿”内登记，并按规定与设备管理单位驻站联络员办理登销记手续。设备管理单位销记或登记停用内容、影响范围、行车限制条件时，车务应急值守人员应立即报告列车调度员，列车调度员根据车务应急值守人员的报告进行处置。天窗内，施工、维修单位均在车站“行车设备施工登记簿”内办理登销记。

在车站办理登销记的施工、维修作业，列车调度员发布施工、维修调度命令时，只发给车站。车站值班员根据调度命令的起止时间统筹安排各设备管理单位的施工、维修作业。接触网支柱和站台侧面等施工或维修影响线路、信号标志使用时，施工单位要通知工务(桥工)段、电务段派人配合。

在非常站控模式下，车站应急值守人员担当车站值班员的职责，负责组织实施施工和维修作业相关工作，列车调度员将相关度命令发布给非常站控的车站，并作业单位在相关车站办理登销记手续。

车站用于接发动车组邻靠站台的正线、到发线，遇站台、线路施工和维修可能引起站台限界变化时，作业单位要在施工、维修前会同工务、房建部门共同对限界进行测量，确认限界现状，制定施工中防止侵限措施。作业完毕，作业单位要会同工务、房建部门共同复查限界情况，达到建筑限界要求方可恢复接发动车组列车。

1. 站内维修作业协调原则

(1)供电作业单位在站内使用轨道车作业时，原则上不准同时封锁全站，应分咽喉或者分上下行线进行。确需封锁全站作业时，供电与工务、电务协商一致后方可提报维修计划。

(2)工务、电务作业单位在站内进行维修作业，原则上双方分咽喉进行。确需占用全站作业时，双方协商一致后力可提报维修计划。

(3)工务、电务作业单位在站内进行道岔整治维修作业，可由一方提报维修计划，并注明另一方“配合”。

(4)当日电务为主体单位时，可根据作业需要同时占用全站进行信号设备检修，准许工务进行股道的维修作业，在提报维修计划时要注明“不影响电务作业”。

2. 行车设备施工登记簿

“行车设备施工登记簿”见表 4-5，其使用规定如下：

(1)车站在行车监控室设置运统 46 并负责保管。

(2)有计划的施工和维修作业，填记“行车设备施工登记簿”；填写时必须使用黑色或蓝色笔迹的钢笔、圆珠笔顶格填写，字句间不留空格，字迹清晰、工整；不用栏空项。填写的时刻以行车监控室(列车调度台)时钟为准。因故不能给点，必须作废并注明不能给点原因。

运统-46

表 4-5　行车设备施工登记簿

请求施工(限速及封锁)记					承认施工	施工后开通检查、销记		施工开通
本月施工编号	施工项目	月日时分	(1)影响使用范围(需要的限速或封锁条件)。 (2)施工负责人签名。 (3)设备单位检查人签名。 (4)车站值班员签名	所需时间	(1)命令号及发令时间。 (2)限速及封锁起止时间。 (3)车站值班员签名。 (4)施工负责人签名	月日时分	(1)恢复使用范围和条件(开通后恢复常速确认)。 (2)施工负责人签名。 (3)设备单位检查人签名。 (4)车站值班员签名	(1)开通(恢复常速)命令号码及开通时间。 (2)施工负责人签名。 (3)设备单位检查人签名。 (4)车站值班员签名
	天窗修	4 月 3 日	(1)根据天窗修计划工务在站内 3 道行找	60 min	(1)命令号码:××	4 月 3 日	(1)内 3 道找小坑维修作业	
		7:00	小坑维修作业。防护到位		#,7:00	8:48	完毕,人员、机具、材料已撤	
			(2)×工务工区:××,7:01		(2)施工起止时间:		离清除完毕,申请开通	
			(3)车站:××,7:02		7:50—8:50		(2)×工务工区:××8:49	
			盯岗:××		(3)车站:××,7:49		(3)车站:××,8:50	
					(4)×工务工区:		盯岗:××	
					××,7:50			
					盯岗:××			

(3)施工维修的申请登记内容不允许涂改。其他登记内容错漏时,可圈掉错误内容或添加字句,但必须由车站值班员(列车调度员)和专职联络人员在更改处分别加盖红色私章印。

(4)施工维修作业开始前 60 min,由施工单位和设备管理单位的专职联络员在“行车设备施工登记簿”上逐项登记、签认,车站值班员应对施工单位和设备管理单位登记签认的内容进行审核、签认。其中,“本月施工编号”栏填记月度施工计划编号;铁路局集团公司以电报形式安排的施工,填记电报号码。

(5)填记“行车设备施工登记簿”时,车站盯岗人员须认真审核登、销记内容并逐项签认。

(6)运统 46 严禁撕毁,使用完后保存一年。除事故调查外,任何单位和个人不得将在用“行车设备施工登记簿”带出行车监控室。

4.3.2 非常站控情况下施工维修作业办理流程

1. 碰头会上,车站、施工单位和设备单位对作业进行充分预想,掌握施工要点,多个专业同时作业时须注明互不影响。

2. 要点销点手续应由施工主体单位办理“行车设备施工登记簿”内销记,要求严格按照施工维修计划填写,字迹清楚,如有涂改需加盖驻站联络员和车站值班员印章;车站值班员须根据车站接收的施工维修计划与设备单位填记内容进行仔细核对,核对无误后签认。

3. 调度员下达施工维修调度命令后,车站值班员应掌握本站及相邻区间的天窗修作业、停电范围和轨道车开行计划,仔细核对命令内容并签认。

4. 施工单位应在给点时间范围内完成作业并及时销记,销记运统 46 时,填记机具、人员、材料已撤离,××设备已具备行车条件;不得出现“请××部门按有关规定办理”等笼统的用语;若需延点,必须在给点时间内登记办理延点手续,流程如图 4-5 所示。

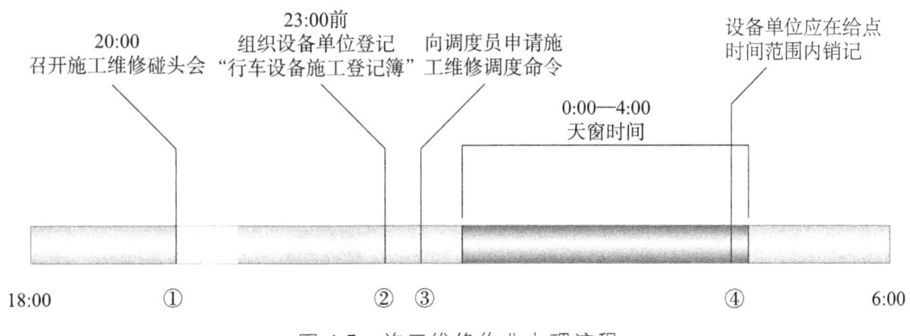

图 4-5 施工维修作业办理流程

4.3.3 自轮运转特种设备或单机作业

自轮运转特种设备是在铁路营业线上运行的铁路轨道车、救援起重机及铁路施工、维修专用的车辆(包括架桥机、铺轨机、接触网作业车、大型养路机械等)。

动车组、路用列车及机车、自轮运转特种设备需转线时,司机根据需要向列车调度员(车站值班员或车务应急值守人员)提出申请。列车调度员(车站值班员或车务应急值守人员)可不编制书面调车计划,但须将作业办法、内容和注意事项向司机传达、布置清楚并听取复诵无误,在准备好进路后,通知司机开始作业。

调车作业中，机车、自轮运转特种设备运行或牵引车辆运行时，前方进路的确认由司机负责；推进车辆运行时，前方进路的确认由调车指挥人负责，如调车指挥人所在位置确认前方进路有困难时，可指派调车组其他人员确认。

机车及自轮运转特种设备在车站停留时，由司机负责将其保持制动（防溜）状态，并按规定采取止轮措施。

施工路用车辆及自轮运转特种设备需在车站停留时，使用单位应派人负责看守。其他车辆在车站到发线停留时，由车站人员（车务应急值守人员或其他胜任人员）对其防溜措施进行检查、确认。

具体作业流程如图 4-6 所示。

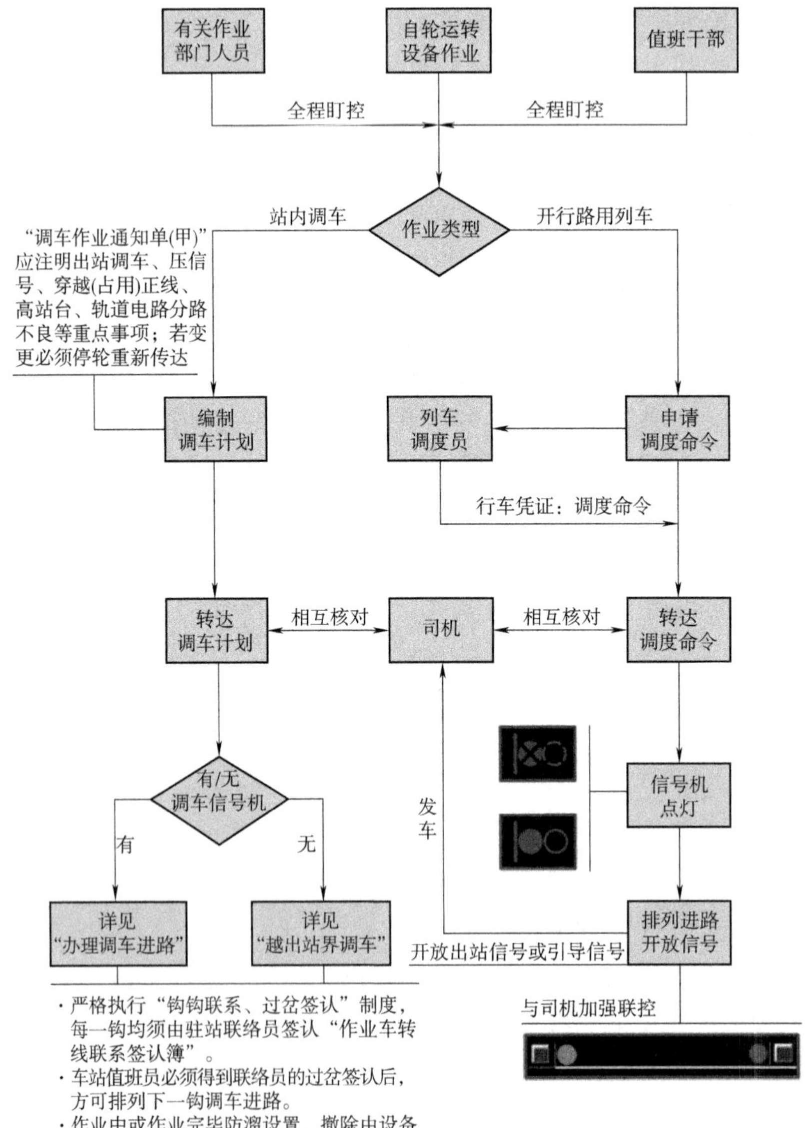

图 4-6　自轮运转特种设备或单机作业流程

5 高速铁路车站流线组织

5.1 流线概述

5.1.1 流线的基本概念

在高速铁路车站内，由于各类旅客的集散活动，产生一定的流动过程和流动路线，通常称为流线。流线是高速铁路车站的设计灵魂，流线设计、组织是否合理，不但影响车站的作业效率和能力，也直接关系到客运设备的运用及车站的服务质量和水平。

高速铁路车站客运工作要达到安全、有序控制的目标，必须要根据各种客流流线的特点和规律，合理地进行流线组织。

5.1.2 流线的构成要素

现代大型车站建筑形状各异，但站内布局大同小异，功能区划分明确，旅客在站内走行的动态中识别环境，到达各功能区。因此，清晰的建筑，加上易于理解并能保持方向感的流线设计，确保旅客方便、快捷的在站内穿梭。

铁路车站旅客流线系统由以下几个部分构成：

1. 通道：建筑的走廊。
2. 标识：车站，即通过对各种标识的设计和布置，引导旅客。
3. 节点：车站各功能区和重要的流线交叉点为节点。
4. 功能区：车站，候车室、售票厅、站台等，有时也可将车站的一层看成一个功能区。

5.1.3 流线的分类

高速铁路车站多采用立体化布局，流线组织一般不再同一平面内完成。高速铁路车站暂时没有行包作业，相比普速铁路车站减少行包流线；没有站台票，所以无接站和送站流线。

根据不同的分类标准，流线有若干不同分类方法，如图 5-1 所示。

根据产生流线的实体进行分类，流线可以分为旅客流线以及车辆流线。

根据流线的方向对流线进行分类，可以分为输入流线、输出流线以及内部流线。

根据流线的功能和结构进行分类，流线可以分为进站流线、出站流线和换乘流线，这 3 种流线是高速铁路车站的核心流线。

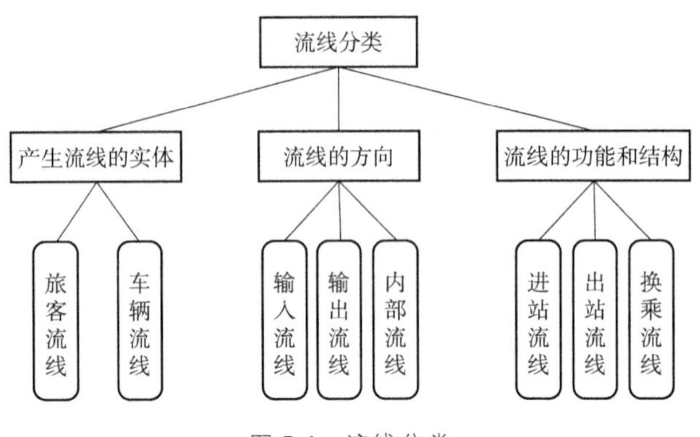

图 5-1　流线分类

1. 进站流线

进站流线主要是指进站乘车的旅客所走行的过程及其经过的路线。

高速铁路车站旅客进站在流程上与既有普速铁路基本相同。近年来，由于铁路实名制的逐渐实行，进站流线中增加了“身份证查验”环节，流程有所变化，当身份证查验为全检时，即身份证先验形式(如北京站)，由于站内空间有限，一般在流线的最始端安排查验；当抽检时，即身份证后验形式(如武汉站)，一般安排在候车室检票口查验。旅客进站流线如图 5-2 所示，相应的旅客组织过程一般为：

(1)旅客乘其他交通工具到达车站站前广场。

(2)通过车站提示标志引导旅客到售票处购票。有的车站安装了自动售票机，向旅客提供自助售票服务。

(3)通过车站提示标志引导旅客至进站口。

(4)身份证查验工作，当身份证查验为全检时，在进站口查验；当抽检时，在检票口查验。

(5)利用三品检查仪对旅客及其行李进行安全检查。

(6)疏导客流进入车站。

(7)通过提示设备，引导旅客至相应候车厅候车。

(8)开车前一定时间通过电子显示屏、广播等途径告知旅客到检票口排队，人工进行集中检票。对于持磁介质车票的旅客，可引导至自动检票机进行检票。

(9)组织客流通过地道、天桥等跨线设备，至相应站台。

(10)由列车工作人员提示旅客出示车票，核对车票信息，组织旅客上车。

2. 出站流线

出站旅客的特点是人流集中，密度大，走行速度快，办理手续少，使用站房的时间短。高速铁路车站出站流线与既有线车站出站流线的最大区别是高速铁路出站流线的组织通常通过集散大厅(一般为地下)，将各站台的客流聚集汇总，然后分散组织到地铁、常规公交、出租车、私家车等交通方式上去。如图 5-3 所示，客流组织过程一般如下：

(1)提示下车的旅客通过地道、天桥等跨线设备离开站台到集散大厅，至各出站口出站。

(2)出站通道尽头设置检票口，对旅客车票进行查验，持磁介质车票的旅客通过出站自动检票闸机出站。

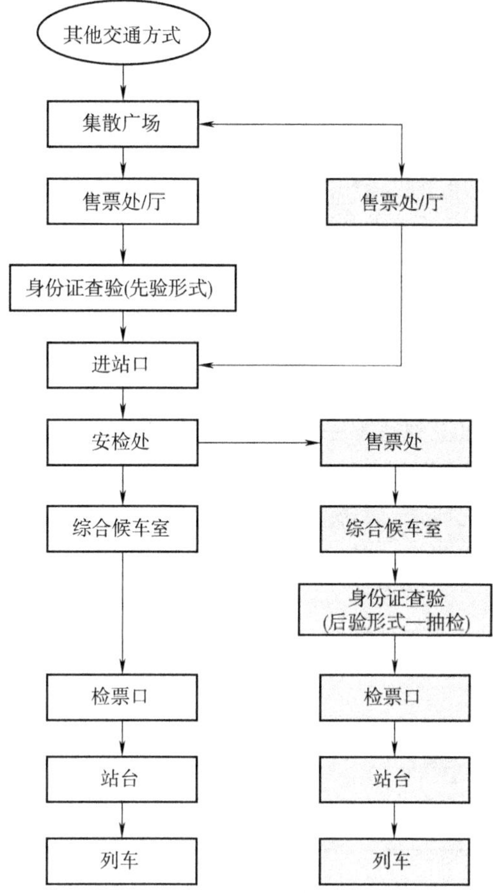

图 5-2 旅客进站流线示意

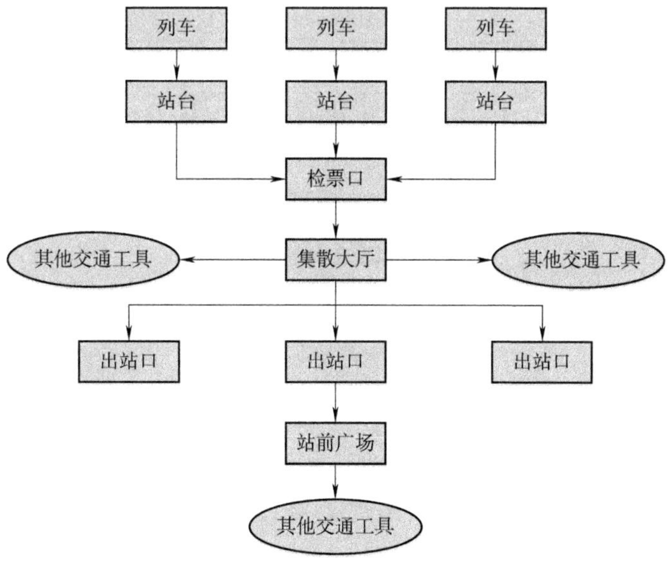

图 5-3 旅客出站流线示意

(3)疏导旅客离开车站,并向旅客提供换乘出租车、公交、地铁等交通方式的信息。

3. 换乘流线

根据换乘的形式,高速铁路换乘通常有同站换乘和异站换乘。异站换乘则与出站流线组织一样,同站换乘分为出站换乘和站内换乘。

出站换乘是目前我国高速铁路车站最广泛的一种组织形式,接续时间长的中转换乘旅客需要按照“先出站再进站”的流程来完成中转过程。这种组织相当于将换乘旅客的流线分为出站和进站流线分别组织,无需专门组织,形式比较简单。

接续时间短的中转换乘旅客车站将专门组织换乘即站内换乘。这种换乘方式是旅客由站台通过楼梯或反向电梯到达候车厅,再由候车厅通到另一个站台。这种形式组织方便,但需要车站空间布局和设备的配合。当旅客换乘时间很长时,车站组织站台转乘,这种转乘方式是指利用楼梯、自动扶梯或地下通道到达下一趟车次站台。

中转换乘流线如图 5-4 所示,客流组织一般过程如下:

(1)提示下车的旅客通过地道、天桥等跨线设备离开站台。

(2)接续时间短的旅客按照车站的安排有特定流线进行站内换乘,接续时间长的旅客由出站口出站再进站候车。

(3)换乘其他交通方式的旅客根据出站口导向标识换乘地铁、公交、出租车等交通方式离开高速铁路车站。

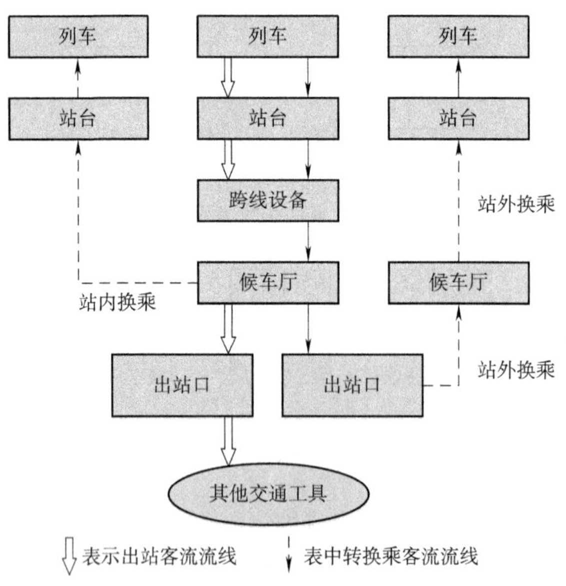

图 5-4　旅客中转换乘流线

5.1.4　流线特点

高速铁路车站内的流线具有多向性、集散性、确定性以及交叉性等特点。

1. 多向性。因为高速铁路车站衔接着不同的运输方式,不同运输方式旅客到达的时刻、地点不同,所以每天到达车站的客流量在不同时段变化很大。到达高速铁路车站后,车站内乘客走行目的包括进站、出站、换乘等，由于各种目的流线有差异，所以走行路径也各不相同，当从径路整体分析旅客流线时，可见旅客的流线具有明显多向性。

2. 集散性。高速铁路车站内流线衔接着各个站厅，贯穿于整个高速铁路车站，联络着各项设施设备，涉及车站内的每个方面。如自动取售票机、检票口、售票厅、候车室等处会形成旅客的聚集和疏散地，旅客在移动中互相影响，互相干扰，因此车站内的流线就具有了特定的集散性。

3. 确定性。高速铁路车站内，当旅客确定其走行目的后，其流线从该名旅客的起点到其目的地的特定终点的路线便也是确定的，对其行走的旅客流线进行优化后，最后确定的最优旅客流线方案能够提高车站运输效率。

4. 交叉性。高速铁路车站具有诸多换乘方式，多种客流在车站内衔接形成了不同种流线，多种流线也就形成了不同的衔接方向，而且方向大多不统一，不同方向上的客流会产生相互交叉，特别是在售票厅、交换大厅等。

5. 涉及面广泛性。铁路客运站尤其是大型客运站的流线不仅面向铁路，还与城市交通系统关系密切，其布置合理与否，对城市发展也将产生一定的影响。

6. 系统性。随着铁路客运综合交通枢纽功能的发展完善，仅考虑铁路内部组织，像传统铁路客运站的功能那样，按站前广场、站房、站场分块分析流线的方式已经不能满足铁路客运综合交通枢纽的发展需要，车站广场需形成立体交通与站房紧密相连。

7. 结构复杂性。客运综合交通枢纽不仅是城市交通的重要节点，也将是城市发展的驱动中心，随着各类人员、车辆、物品的不断聚集，形成了内容复杂的流线结构。

5.2 高速铁路车站流线分析与组织

高速铁路迅速发展，不同城市的高速铁路车站有着不同的旅客运输组织方案，因旅客所乘车次，换乘目的的不同，车站内旅客客流存在着较大的不同之处。客流分析主要分析不同客流的冲突点、冲突强度等，为高速铁路车站能更好地服务旅客，方便旅客集散提供保证。

5.2.1 车站流线分析

根据高速铁路车站的布置图，目前常见的旅客流线有 7 种。

第一种流线如图 5-5 所示，进站流线与出站流线分开，进站旅客依次通过进站口区、站厅区、候车区，最后到达站台区，出站旅客从出站通道到达出站口区。

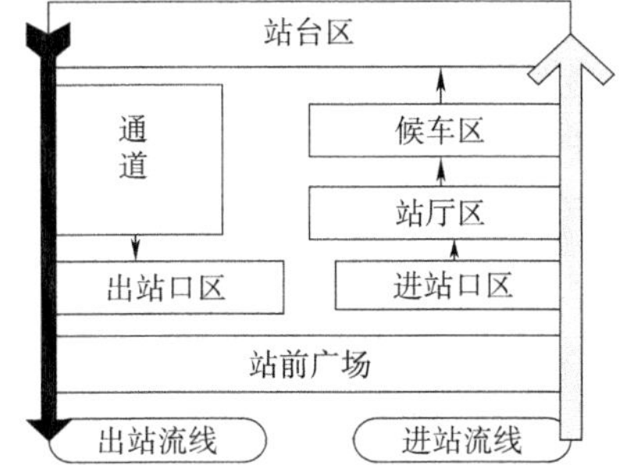

图 5-5 旅客进出站流程图(第一种流线)

第二种流线如图 5-6 所示，与第一种相似，由于车站站台的两侧均设有站前广场，旅客可以从两个站前广场进入进站口，然后依次通过站厅区、候车区，到达站台。出站的旅客通过设在站台区两侧的通道，到达出站口，最后出站。

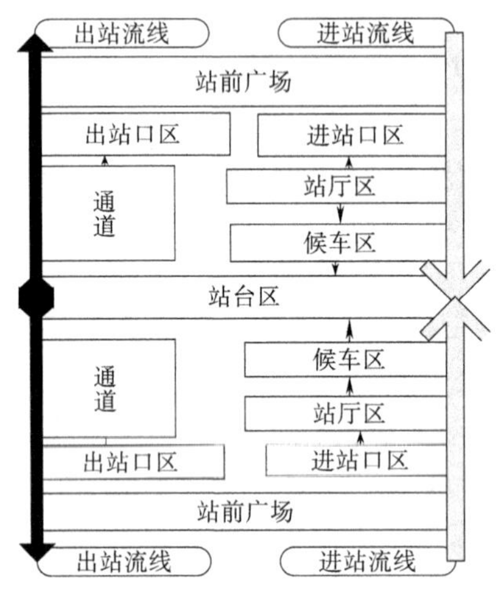

图 5-6　旅客进出站流程图(第二种流线)

第三种流线如图 5-7 所示，旅客则通过进站、站厅进入候车区，然后进入站台区。由于该车站与地铁系统驳接，出站流线是旅客直接由站台区进入换乘区，然后一部分旅客通过出站口出站，另一部分旅客进入地铁。

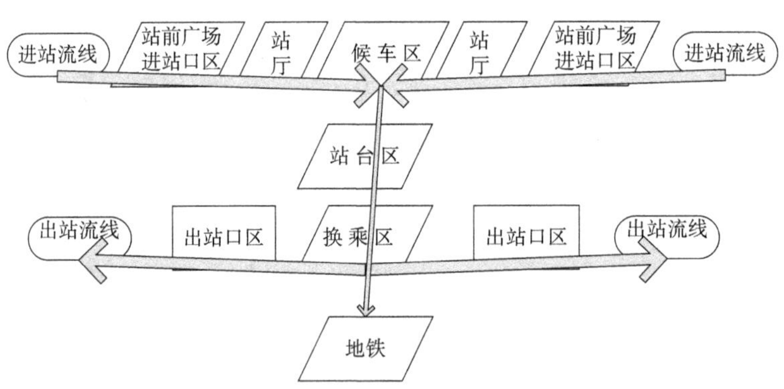

图 5-7　旅客进出站流程图(第三种流线)

第四种流线如图 5-8 所示，进站流线可有 2 条，一部分旅客直接由站前广场进站口进入候车区，另一部分旅客则通过站厅进入候车区，然后所有进站旅客进入站台区。由于该车站与地铁系统驳接，出站流线是旅客直接由站台区进入换乘区，然后一部分旅客通过出站口出站，另一部分旅客进入地铁。

第五种流线如图 5-9 所示，与第三种流线相似，区别在于站台区与候车区的位置关系不同。

第六种流线如图 5-10 所示，与第四种流线类似，区别在于站台区与候车区的位置关系不同。

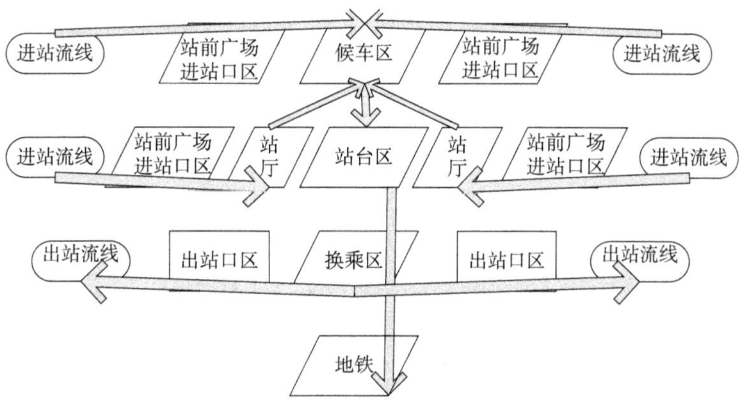

图 5-8　旅客进出站流程图(第四种流线)

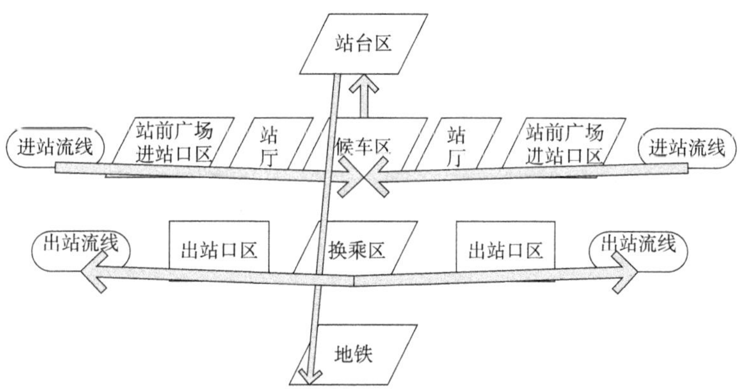

图 5-9　旅客进出站流程图(第五种流线)

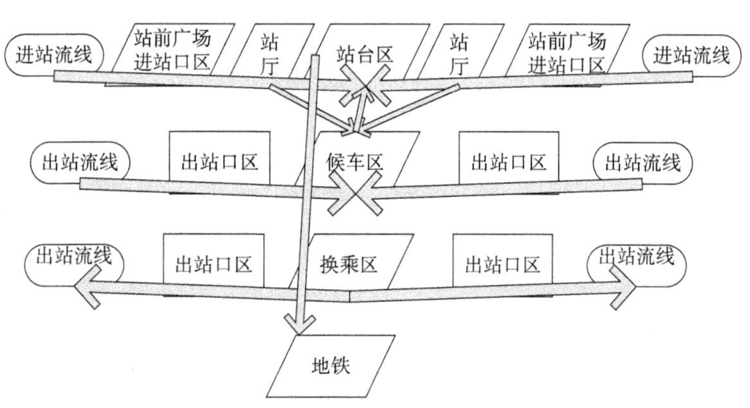

图 5-10　旅客进出站流程图(第六种流线)

第七种流线如图 5-11 所示,与第五种流线类似,区别在于候车区与换乘区的位置关系不同,导致旅客流线走行的路径不同。

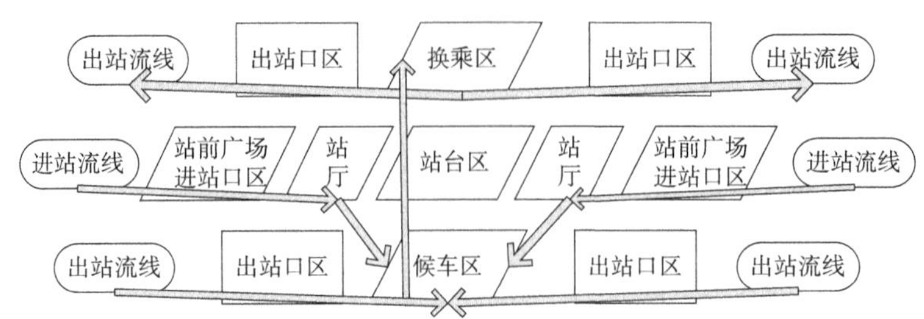

图 5-11　旅客进出站流程图(第七种流线)

5.2.2　高速铁路与地铁旅客流线分析

1. 高铁换乘地铁旅客流线

高铁换乘地铁旅客流线,其流线模式属于上进下出组织模式。完成整个换乘过程具体如图 5-12 所示。高铁换乘地铁流线如图 5-13 所示。经过整个过程需要使用的设备有高铁站台、自动扶梯、楼梯、地铁售票处、安检仪、闸机、地铁站台等。

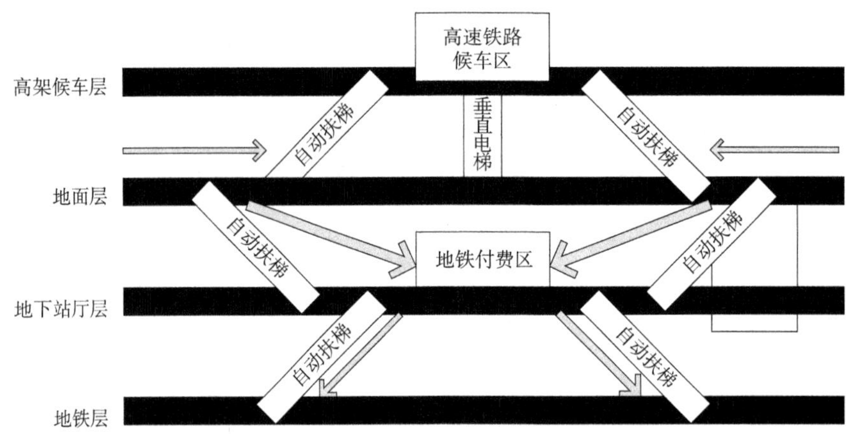

图 5-12　高铁换乘地铁流程

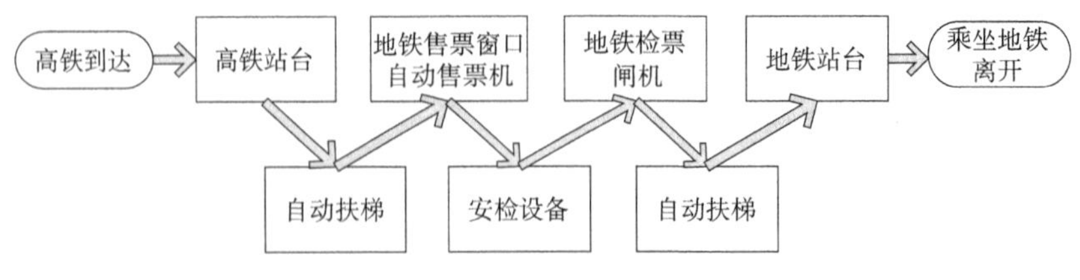

图 5-13　高铁换乘地铁流线

2. 地铁换乘高铁旅客流线

对于乘坐城市轨道交通到达车站的旅客,因其有多种运输方式,可以换乘铁路或其他运输方式。但对于高速铁路车站,这里我们认为主要的换乘客流是城轨中的地铁换乘高铁。这种换乘流线,旅客乘地铁到站通过各种设施设备到达车站内部,在换乘过程中使用较多的设施设备，过程相对复杂，换乘过程如图 5-14 所示，乘坐地铁到达换乘高速铁路的旅客流线有明显的多层纵向分布特征，采用下进上出的组织模式。旅客乘坐地铁到达高速铁路车站后，经地铁站台到楼梯或自动扶梯然后到达站厅层，在经过闸机再引导系统的引导下步行或乘坐电梯到达高速铁路候车层，旅客如携带行李包裹，经安检仪，人工售票窗口或自动售票机获得车票，如提前买好车票的可省略该过程直接进入候车大厅，时间充足的可稍作等待然后检票通过楼梯或自动扶梯进入高铁站台上车乘坐高铁出发。

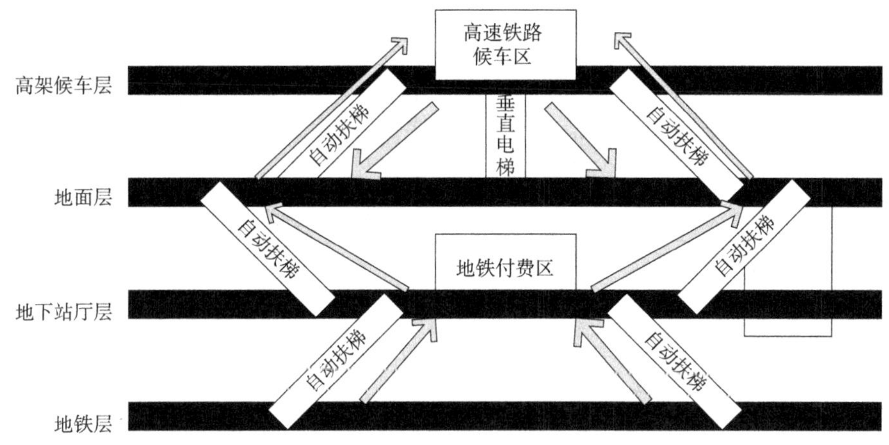

图 5-14　地铁换乘高铁流程图

地铁旅客换乘高速铁路的换乘旅客流线，以流程图形式表示如图 5-15 所示，组织利用立体空间分解客流减少了与其他流线进行交叉，虽然流线在不同的楼层之间，但是竖直层面流线直观，流线简短。使用到的设施设备包括地铁站台、电动扶梯/楼梯、闸机、高铁售票厅、安检仪、候车室、高铁站台等。

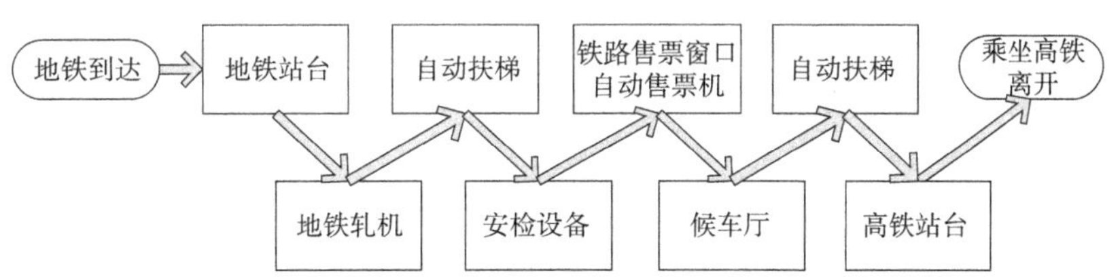

图 5-15　地铁换乘高速铁路流线流程图

5.2.3　各种流线的组织

流线组织是高速铁路车站客流组织的重要内容。高速铁路车站应实行统一、规范、标准化管理，要充分考虑旅客对于服务质量的要求，利用车站设施设备科学规划各种"流线"的行进路线：缩短旅客走行距离，避免流线迂回，以提高旅客的出行效率；错开不同旅客流线，避免旅客交叉干扰，以提高旅客的站内舒适性，确保旅客在站内有序流动。

1. 交通功能为高速铁路的本质功能，流线组织要首先考虑其本质功能，再考虑其他功能。

2. 高速铁路站流线组织要依据客流量、车站规模、位置、与其他交通方式衔接情况等因素，考虑各种流线的衔接位置、流线出入口、流线流向等要素，让旅客顺畅进出站及换乘。

3. 各种流线的布置与组织，应根据各种流线的特点尽量减少交叉和相互干扰的设计原则。

4. 设计车站的各种流线时，要着重考虑“集”“散”两方面的问题，“集”是由各种交通方式上的客流汇聚到车站枢纽，“散”是从车站枢纽疏散到城市或其他运输方式，所以就形成两种高峰，要尽量最大减少这两种高峰对车站和城市及其他运输方式的影响。

5. 交通流线的设置不要距离停车场或人群集散广场过远或过近，合理安排距离，使流线与这些设施紧密联系，方便乘客。

高速铁路车站要加强站内宣传工作，采取各种宣传方式，如广播、导向标识、大型显示屏等，向旅客公告购票、取票、候车、检票、乘车、进出站等信息及注意事项，及时疏导旅客。另外，高速铁路车站在候车层通过标识导向设置不同类型候车区域，方便旅客候车、检票，同时减少旅客的走行流线的交叉干扰。

例如，广州南站从 2013 年 4 月 1 日起，全面优化换乘流线组织，实现了京广高铁、广深港高铁和广珠城际三线多向换乘。京广高铁、广深港高铁、广珠城际铁路旅客到达广州南站后，持联程车票需快捷换乘的旅客均可通过站台北侧进站楼梯专用通道反向进入三层候车室实现快速换乘。车站充分利用广播，电子显示屏等工具滚动显示广深港、广珠快捷候车室的引导信息。按照换乘流线，在站台地面、灯箱和站台升降梯显眼位置增设连续性静态导向标识，根据起点到终点的距离，在揭示中加入距离指示，旅客顺着标识走，就能轻松实现自助换乘服务，服务效率进一步提高。

5.2.4 流线瓶颈分析与消除

按高铁流线的功能将其简要分类，高铁车站流线可划分为内部和外部流线，内部流线是指高速铁路客运车站系统内部所涉及人员、车辆等在车站内部移动所产生路线。旅客在车站内部的移动过程为进站→购票→候车→乘车→出站(或换乘区继续购票)，比较容易产生旅客流线交叉、线路不畅，造成旅客滞留的主要是进站、购票、候车阶段。外部流线体现的是进入本站内部的线路与城市干道联系的线路。

1. 流线瓶颈产生的原因

(1)高速铁路车站格局规划设计的不合理。如对车站的整体结构考虑不全，造成部分区域人流、物流等流线交织及标识导向不清楚，从而形成流线瓶颈；高峰期对旅客的出行增长没有做出相应的预测，导致设施的压力过大或超负荷形成流线的瓶颈；设施设备的运转能力小于服务能力。

(2)人为因素。旅客初次来到车站，对车站的环境不熟，认知不够，信息不全，造成旅客在车站内停留或往返；司机对车站内的线路不熟，造成行驶速度慢，接送旅客时发生车辆迂回行驶，造成流线整体运输水平下降。

(3)不可预见因素。如事故、维修、天气等，具有很大的不可测性与偶然性。

2. 流线瓶颈的解决方向

(1)改善高速铁路服务能力的具体措施

①建设线上高架候车厅，扩大候车室面积，缩短站内各种流线长度，阻隔各种流线。

②加建夹层，在车站空间允许的情况下，加建候车夹层，从而缓解服务能力不足问题。

③分配弹性空间，选取可移动隔断设备，根据客流变化情况分配使用空间。

④采用先进的服务设施，增加现有服务设施数量。

(2)消除瓶颈、优化流线的具体措施

①优化车站内部空间，将老式车站中的各个功能区域贯通连接起来，去除封闭障碍，使车站内各区域通透、顺畅。

②合理布局车站内各种设施设备，采用明显标识引导流线，充分减少流线交叉。

③合理分流，合理规划各种车站内的流线，分离进出站流线，进而减少流线冲突。

5.2.5 高速铁路车站流线疏解方法

根据客流在车站的流向，可以把车站内的流线划分为同方向的同向流线和相反反方向的异向流线两大类，按照实际在车站当中的流线交叉和干扰情况，可将流线间的关系归结为4种，见表5-1。

表5-1 4种流线间的关系表

方 式	特 征	图 示
平行流线	流线相互平行，不发生交叉，不会同时占用一条径路	
会合流线	由多个方向上的流线经过某一处汇聚成同一条流线	
分歧流线	由一条流线经过某一点，分成多条不同方向的流线	
交叉流线	几条流线到某一点产生交叉，之后又按不同方向分开	

流线间平行是一种比较理想的状态，流线间没有交叉干扰，不会相互影响，可是实际情况一般却是后三种，会合流线、分歧流线、交叉流线三种流线相互交叉在一起，混合流动时流线内产生交叉、相互阻碍，在流线的交叉点一定会产生时间的拖延。如果旅客对车站的流线状况比较熟悉，在旅客流量不紧张的情况下，分歧流线几乎不会拖延旅客的时间，但会合和交叉流线则一定会产生时间的延误。

流线疏解方式分为时间疏解、平面疏解和立体疏解3种方法。

1. 时间疏解

对流线的时间疏解是指对客流进入流线的时间进行有效控制，计划客流占用流线的时间，从时间上把不同的客流占用流线的时间交错开，从而不会发生客流在时间上的冲突。可以通过有计划的安排客流占用流线的时间段来调节冲突，减少干扰，提高运输效率。

2. 平面疏解

平面疏解的有效方法包括增加流线通道、设置明显指示标识、人为诱导流线径路等措施。

3. 立体疏解。

立体疏解就是把原来的平面二维疏解转化为三维疏解，由平面流线布局改为立体流线布局，保证流线有顺畅的通路，流线的空间变大，流量相对分离，交叉冲突点减少，如图 5-16 所示。

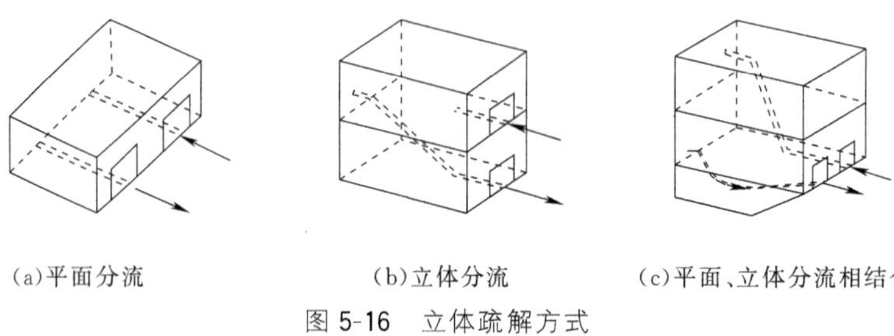

(a)平面分流　(b)立体分流　(c)平面、立体分流相结合

图 5-16　立体疏解方式

新建高速铁路车站很多都采用立体与平面疏解方式相结合的疏解方式，可以有效地减少流线交叉，增加流线的通过能力。

6 高速铁路车站应急处置

6.1 高速铁路车站应急处置管理运作模式与选择

6.1.1 应急处置的原则

高速铁路车站应急处置在铁路运输应急处置中具有十分重要的地位，对于保障人民群众生命财产安全，保证铁路运输的正常秩序，起着关键作用。

1. 以人为本，安全第一的原则。把保障人民群众生命财产安全，最大限度地预防和减少突发事件所造成的损失作为首要任务。

2. 统一领导，分级负责原则。在本单位领导统一组织下，发挥各职能部门作用，逐级落实安全生产责任，建立完善的突发事件应急管理机制。

3. 依靠科学，依法规范原则。科学技术是第一生产力，利用现代科学技术，发挥专业技术人员作用，依照行业安全生产法规，规范应急救援工作。

4. 预防为主，平战结合原则。认真贯彻安全第一，预防为主，综合治理的基本方针，坚持突发事件应急与预防工作相结合，重点做好预防、预测、预警、预报和常态下风险评估、应急准备、应急队伍建设、应急演练等项工作。确保应急预案的科学性、权威性、规范性和可操作性。

6.1.2 应急处置管理运作模式与选择

高速铁路车站应急处置是指在突发事件条件下，对车站作业、设备调度、乘客疏散等相关工作做出应急指挥安排。高速铁路车站应急处置是车站工作组织的重要构成部分，应急处置结构如图 6-1 所示，“站管站”模式下应急处置管理体系结构如图 6-2 所示。

根据主管站和被管站的责任划分、技术平台等情况，应急处置管理运作有 3 种模式。

模式一：日常实时监管，应急时控制。日常状态下，车站控制权车站掌握；应急状态下，交由铁路局集团公司（或上级车站）应急指挥协调中心控制。这种模式相当于同一个车站有两个可能的运营控制主体，必须通过专用网络平台，对运营、客流、灾害等各种信息进行实时传输。该模式对设备和网络的要求相对较高。

模式二：日常实时监管，应急时只指挥不控制。日常状态下，通过专用的网络平台实时将车站运营信息传递到铁路局集团公司（或上级车站）应急指挥协调中心，对车站运营调度情况和服务质量进行实时监管；应急状态下，由铁路局集团公司（或上级车站）应急指挥协调中心进行指挥，但仍由车站对车站运营组织进行控制。

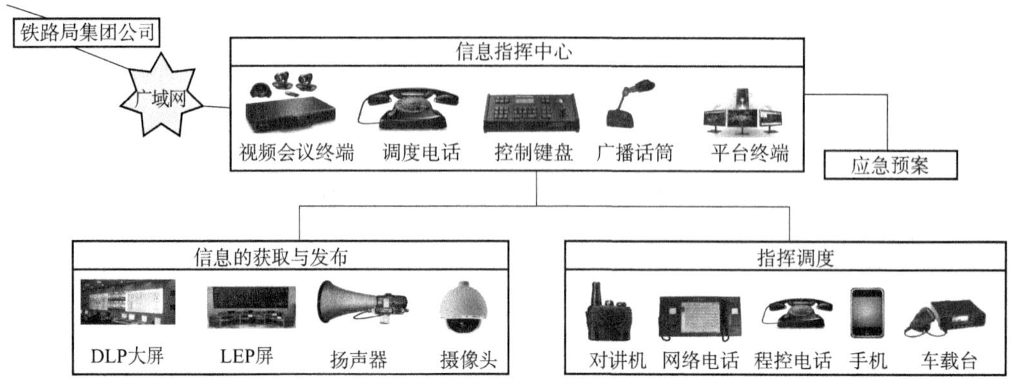

图 6-1　铁路客运综合指挥控制(应急处置结构图)

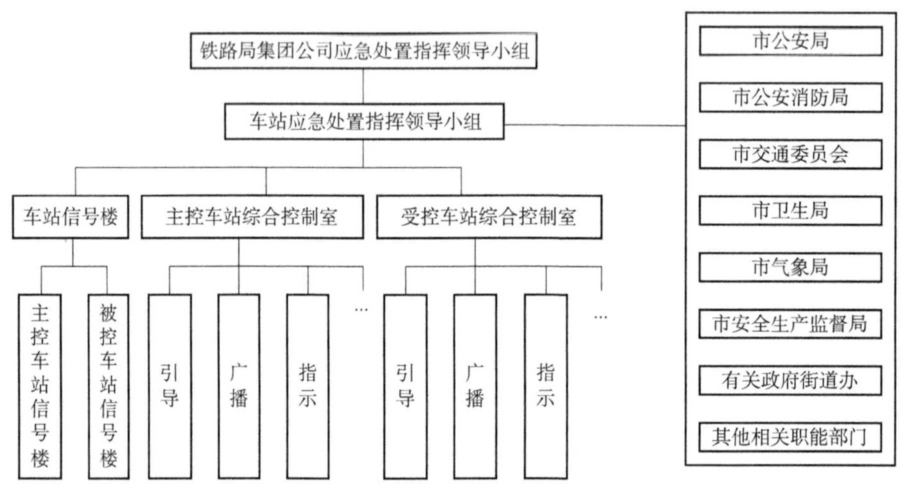

图 6-2　"站管站"模式下应急处置管理体系结构

模式三:有限度非实时监管,应急时只指挥不控制。日常状态下,只对特定范围内的内容进行监管,铁路局集团公司和车站的信息传递采用静态的定时报送方式;应急状态下,铁路局集团公司(或上级车站)应急指挥协调中心只对车站下达较高层次的指导性命令,不对车站进行直接控制,然后由车站对具体运作进行控制。

从 3 种运作模式可知,应急处置管理分为实时监管(模式一、二)和有限度非实时监管(模式三)。为及时掌握相关信息,实现应急处置时指挥机构与事发现场的对接,获取有力的应急决策支持,建议对"站管站"高速铁路车站进行实时监视。从应急指挥协调中心对线路控制考虑,应急管理分为控制(模式一)和不控制(模式二、三)两种。综合考虑主管站和被管站的角色划分、日常管理需要和应急指挥调度等因素,建议采取模式二作为高速铁路车站应急处置管理的运作模式。

6.2　高铁车站客运突发事件应急处置

高铁车站客运突发事件的应急处置涉及面广,内容包含动车组列车晚点应急处置、站车发生旅客人身伤害或疾病时的应急处置、站车发生旅客食物中毒时的应急处置、动车组列车旅客或行李物品掉落站台的应急处置、动车组接入无站台股道或列车尾部未靠站台的应急处置、发现精神病患者乘坐动车时的应急处置、车站临时停电时的应急处置等。

6.2.1 动车组列车晚点应急处置

高速铁路车站综控室通过集成平台系统中的到发管理系统接收到动车组列车在运行途中预计晚点超过 30 min 以上的信息时，广播（监控）员应立即向车站站长或值班干部汇报，并及时调整变更客运计划、广播计划、导向计划，通过集成平台系统按照行车信息→客运信息→旅客公共信息的流程，及时通告候车旅客和客运各相关岗位，实现列车晚点信息的快速传递与转换。

综控室人员应通过集成平台系统监控晚点动车组列车运行动态，了解动车组列车晚点原因，及时发布晚点列车的最新信息，并通过广播系统向旅客致歉，每次广播致歉间隔不超过 30 min。通报晚点原因时严格按国铁集团、铁路局集团公司规定的通报用语解释。客运人员要做好晚点动车组列车旅客的安抚工作，不得以任何理由回避旅客，要加强对候车室的巡视，做好旅客的宣传解释工作，并掌握旅客动态，平息旅客情绪。

车站要及时增加退票、改签窗口，安排人员和备用金，按规定为动车组旅客办理退票、改签手续，并通过公告、票额显示屏等形式如实告知旅客其他动车组列车的票务相关信息，方便旅客调整出行计划，帮助旅客改签、退票，引导旅客分流。在售票厅内，车站要安排客运人员，增派警力维护售票厅秩序，做好引导工作，最大限度消除旅客排长队现象。动车组列车在始发站晚点 30 min 以上时，客运段应指派干部添乘，组织乘务组做好服务、解释和安抚工作。

动车组列车晚点时，列车长要及时通过列车司机联系列车调度员，了解晚点原因，报告车内情况、请求协助解决的问题。晚点 30 min 以上时，应做好旅客致歉、解释工作，安抚旅客情绪。通报晚点原因时严格按国铁集团、铁路局集团公司规定的通报用语解释，每次广播致歉间隔为半小时。列车长要组织乘务人员做好优质服务工作，防止因服务工作不到位引起矛盾焦点的激化。乘警要与列车长密切配合，巡视车厢，维持秩序。

客运值班员与动车组列车长要按规定办理交接事宜，如有因动车组列车晚点后，发生旅客情绪比较激烈、矛盾比较激化，列车长按章交站处理时，车站不得推诿拒接。

动车组列车终到晚点 30 min 以上时，接到调度员通知后，终到站站长、公安段段长（派出所所长）带领客运、公安有关人员到站台接车，组织旅客下车出站，并做好致歉解释工作。

发生旅客以滞留列车方式向铁路要求晚点或空调故障赔偿时，站车工作人员应当以说服劝解、诚恳道歉为主，耐心细致地做好解释和相关法律法规的宣传工作，稳定情绪，化解矛盾，努力争取旅客的理解和配合。

公安部门要积极配合客运开展滞留旅客的说服劝离工作，要向旅客宣传法律知识，告知旅客通过其他合法渠道维护其合法权益，劝解旅客听从车站工作人员的安排到指定地点协商解决，并协助车站工作人员引导旅客下车。

6.2.2 站车发生旅客人身伤害或疾病时的应急处置

1. 动车组列车发生旅客人身伤害或疾病时的应急处置

动车组列车发生旅客意外伤害、疾病时，应利用列车上配备的急救药箱，进行初步救治，同时应立即通过广播寻找旅客中的医务工作者帮助救治。

动车组列车上发生旅客伤病，危及生命安全需要立即下车抢救或已经死亡时，列车长应与列车司机联系，由司机报告调度员请求前方站临时停车，下交伤病或死亡旅客。车站接到调度员关于动车组临时停车下交伤病旅客的命令后，及时联系附近有救治条件的医院或120救护车到车站接车，并安排人员做好救护伤病(或死亡)旅客的各项准备工作。列车长应编制客运记录将受伤(或死亡)旅客，连同车票、携带品一并交车站处理，列车乘务人员不下车参与处理。车站成立事故处理工作组时，动车组列车相关客运段派员参加事故的后期处理。

旅客在列车上受伤、发生疾病无同行人或死亡时，列车长还应会同公安人员勘察现场，收集旁证物证，调查受伤死亡原因，采集不少于两份见证人证词，对参加抢救的医生的姓名、单位、电话进行登记，根据有效证件确定伤亡者姓名、单位、住址。为保证动车组恢复正点运行，列车来不及移交相关材料时，3日内向受理车站补交。

旅客人身伤害事故系斗殴治安或刑事案件所致，列车乘警应在客运记录上签章，并通知车站公安人员到场。列车长同时拍发事故速报。

2. 车站发生旅客人身伤害或疾病时的应急处置

在站内发生动车组旅客人身伤害或疾病时，站长、客运值班员应立即到现场会同公安人员查看旅客伤病程度，一方面利用车站配备的急救药箱，进行初步救治，另一方面通过广播寻找旅客中的医务工作者帮助救治。主动及时联系120救护车，派人立即将伤病旅客送到医院抢救，不得拖延。

车站客运人员应会同公安部门及时勘验现场，检查受伤害或疾病动车组旅客所持车票的票种、票号、乘车日期、车次、发到站、有效期以及是否打印有过闸机的检票标识等情况；收集不少于2份同行人或见证人的证言和有关证据并保护好证据材料。收集证人证言时，应当记录证人姓名、性别、年龄、地址、联系方式、身份证号码等内容；证言证据应当准确、真实，并能够证明事故发生的过程和原因。同时按要求拍发事故电报。

发生旅客人身伤害人数较多时，应当封锁现场，禁止与救援、调查无关的人员进入。车站认为必要时，应请求地方政府协助组织抢救。

列车移交的人身伤害旅客，办理移交手续应有客运记录、车票、旅客随身携带品清单、证据材料等。为保证动车组恢复正点运行，列车可暂不移交相关材料，3日内向受理车站补交有关材料。对无随行人员的受伤或患病的旅客，车站客运或公安部门要根据旅客随身物品(手机、身份证等)查找旅客家属电话和家庭地址，及时与旅客家属联系，告知伤病(死亡)情况和车站(医院)地址，要求旅客家属速来协商处理。

车站成立旅客人身伤害事故处理应急小组。组长由站长担任，组员由上级职能科室负责处理旅客意外伤害的专职人员、车站副站长、客运值班员担任。按照有关规定，妥善处理善后事宜。

车站客运值班员接到动车组列车移交人身伤害或患病旅客时，应按照“以站保车”的原则，及时与动车组列车长办理交接，不得推诿或拒接，应迅速安排工作人员，将伤病旅客送往就近医院抢救，并及时向站段汇报。车站提前得到通知时，应立即联系120救护车，组织有关人员接车，并安排人员做好列车下交旅客的救治准备工作，车站不得要求动车组列车工作人员下车处理，应尽早组织开车。

旅客人身伤害事故系治安或刑事案件所致时，应接收伤者，不接收肇事者，列车乘警应在客运记录上签字，并通知车站公安人员到场。

车站对本站发生、发现或列车移交的受伤旅客应当及时送附近有救治条件的医院抢救，对死亡的旅客由车站通知火葬厂将尸体拉走暂时保管，有关费用可先垫付，最后以处理协议进行清算。

3. 车站发生重大疫情时的应急处置

车站发现疑似鼠疫、霍乱等重大疫情的病例时，应立即向铁路疾控部门和上级主管部门报告。

车站应隔离传染病人、疑似病人和密切接触者，紧急疏散其他旅客，并对有关人员进行登记。登记内容包括：姓名、性别、年龄、身份证号码、联系方式等。

车站应封锁已经污染或可能污染的区域，由铁路疾控人员对该区域进行消毒。铁路疾控部门消毒处置完毕后，方能解除区域封锁。

车站将传染病人、疑似病人、密切接触者以及其他需要跟踪观察的旅客及资料移交铁路疾控部门。

公安部门应维持好站内治安秩序，协助开展区域封锁、旅客隔离、站车移交等工作正常开展。

车站积极配合现场的医疗单位和铁路疾控部门开展工作。

6.2.3　站车发生旅客食物中毒时的应急处置

站车发生疑似食物中毒旅客时，站长（列车长）应立即赶赴现场，统一领导食物中毒事件的处理工作。及时了解中毒旅客的主要症状，掌握中毒旅客人数、发病时间等情况，初步判断毒物根源或怀疑导致中毒的食物。

利用车站（列车上）配备的急救药箱，采取催吐、导泄等应急救治措施，进行初步救治。同时通过广播寻找医生帮助抢救治疗，控制病情。车站及时联系120救护车，将病人送当地或最近医院抢救。遇有中毒旅客必须临时停车送医院抢救时，列车长向调度员报告情况，请求临时停车命令；接到调度命令后，应编制客运记录，做好站车交接准备。列车乘务人员不下车参与处理。

发生三人以上有疑似食物中毒症状时，除按上述要求救治外，还应向铁路防疫部门和客调汇报，列车长立即向前方停车站通报；怀疑投毒导致食物中毒时，还应同时向铁路公安机关报告。报告内容要简明扼要，表述清楚，包括日期、时间、车次、运行区段、发病时间、地点、病人主要症状、发病人数（包括危重人数及死亡人数）、可能引起中毒的食物等，要求相关车站组织采取的措施。

在抢救安置中毒旅客的同时，客运人员要做好解释工作，稳定旅客情绪，防止造成混乱。公安人员（乘警）负责保护现场，维持秩序，车站（列车）应收集、保留、封存造成食物中毒或者可能导致食物中毒的食物及其原料、器具，将病人的呕吐物样品一并留存，待卫生防疫人员进一步调查。如不能排除食物中毒是车站（列车）供应食品所致，要停止车站（列车）食品供应，立即采取措施追回已售出的可疑食物或通知旅客禁止继续食用，防止事态扩大。封存食品经检验合格后才可以使用。能确认导致食物中毒的食物是因配餐或某站出售的食物造成的，应及时报告客调和卫生防疫部门。

站车应及时调查旅客中毒原因，收集证据材料，了解旅客发病症状、进食史，做好记录，形成第一手资料，以便协助卫生防疫等部门调查处理。

列车长要及时将记录和有关材料移交车站，以便车站尽快做好善后处置。

6.2.4　动车组旅客或行李物品掉落站台的应急处置

发生旅客跌落站台与车体之间的缝隙，或行李物品掉下站台时，列车乘务员应立即通知司机，并通知车站客运值班员对旅客施救或使用专用工具取出行李物品。完毕后，按规定程序关门。

车站要配备2支长度1.5 m杆把为绝缘材料的钩具，定位放置，及时帮助旅客捡拾掉到站台下的行李物品，严禁跳下站台拾取，以免发生意外。

对体积较大、站停时间内暂不能取出且影响动车组列车安全的行李物品，要立即用对讲机通知动车组列车长，排除故障后方能开车。如确认掉落站台的物品不危及动车组列车安全时，车站可待动车组列车出发后再行钩拾，并保管好物品，等待旅客及家属前来领取。

动车组旅客跌落站台被救起后，若伤势严重，不能继续旅行，车站应派人及时将受伤旅客送往医院救治，并按有关规定妥善处置后期事宜。

6.2.5　动车组接入无站台股道或列车尾部未靠站台的应急处置

遇特殊原因，列车需要无站台停车或列车尾部未靠站台停车，车站应及时组织接车人员携带应急梯（列车乘务员也应提前将应急梯准备到位），提前在动车组停靠一侧等候，待列车停稳后，将应急乘降梯安放在车门口，并保证安放牢固、平稳。

列车乘务员要先确认邻线有无列车通过、有无危及人身安全障碍物后，在车站工作人员协助下，组织旅客乘降。车门开启后要先行下车立岗。

动车组到站前，车站要做好站台闲杂人员和移动物品的清理工作，确保安全。旅客上下完毕，车站应及时将应急梯撤除，人员撤离。

6.2.6　发现精神病患者乘坐动车组列车时的应急处置

1. 动车组上发现精神病患者的应急处置措施

乘务员发现无人护送的精神病旅客时，立即报告列车长、乘警。列车长指定专人看护，乘警协助处理。

有人护送的精神病旅客，乘务员应向护送人介绍安全注意事项，并予以协助。不准其单独行动，精神病人离座时必须有同行人看护。

对无人护送的精神病患者，列车长应编制客运记录移交三等以上车站处理。

发现间歇或突发精神异常旅客在乘车途中病情发作时，要立即向列车长、乘警报告。列车长、乘警根据实际情况派人看护，病人狂躁威胁他人人身安全时，乘警应对其采取约束措施。

2. 车站发现精神病患者的应急处置措施

车站客运人员发现单独旅行无人护送的精神病旅客，应立即报告值班干部和值勤公安干警，将精神病旅客安置在候车大厅偏角处，指派人员看护，帮助精神病旅客办理退票，严禁放行精神病旅客登乘动车组列车。

对有人护送的精神病旅客，客运员应及时通知客运值班员，并向同行护送人介绍安全注意事项，叮嘱同行护送人不准其单独行动，精神病人离座时必须有同行人护送，并在售票、候车、检票进站上车等方面予以协助。

对有人护送的精神病旅客，客运值班员在与动车组列车长站台交接时应主动通知列车长，协助护送人员防止发生意外。

发现有动车组旅客在站内突发精神病时，客运人员要立即向车站值班干部和值勤民警报告，值班干部和值勤民警可根据现场情况将突发精神病旅客安置在车站空闲房屋内，与其他旅客隔离，指派专人看护，通过广播寻找旅客中的医务工作者帮助先期救治，并尽快将突发精神病旅客送往当地医院治疗。病人狂躁威胁他人人身安全时，值勤民警应对其采取约束措施。

6.2.7　车站临时停电时的应急处置

车站站内临时发生停电后，客运值班员应及时将站内临时停电信息向车站站长（值班干部）汇报，并听从指挥安排，全体工作人员必须坚守工作岗位，各岗位间通过对讲机设备加强信息沟通联系。

综控室利用广播的备用电路，及时对旅客宣传，说明停电原因，稳定旅客的情绪，避免旅客恐慌，发生混乱，互相踩踏挤伤。由车站值班员（车务应急值守人员）将列车运行调整计划及列车到发信息同时通知车站控制台操作人员。试行双确认制度。

车站的进出站检票口要安排人员值守，劝阻旅客在停电期间不要出入候车室，严禁工作人员摸黑放行。工作人员应立即启用备用的照明用具应急灯或充电手电筒等，为旅客提供简易照明。

如遇停电期间有动车组列车到发时，客运值班员要组织各岗位按照人工检票（验票）工作流程对动车组进行放行和验票作业。

停电期间，车站工作人员要加强候车室、售票厅、地道和站台等部位的巡视检查，巡视中要反复提醒旅客注意看管好随身携带物品，照看好自己身边的老人和小孩，以免走散，劝阻旅客不要使用明火照明，防止发生意外。

停电后，车站工作人员要重点查看车站垂直电梯内有无被困旅客，如有被困旅客，应及时通知站长或值班干部，召集专业人员予以施救。

停电发生后，综控室应在第一时间与电力或房建部门联系，要求电力或房建部门及时抢修恢复供电，并及时与公安所联系，要求加派警力，确保安全。

6.2.8　车站站内发生火灾、爆炸事故的应急处置

车站站内发生火灾、爆炸事故时，立即利用广播迅速引导组织旅客向站外安全地带紧急疏散转移。

客运工作人员及时打开全部出站检票机闸门和安全通道大门，保证安全通畅；利用手持喇叭，加大宣传力度，全力组织疏导旅客，防止人员发生对流、拥挤；铁路公安部门要配合客运工作人员重点帮助老、幼、病、残、孕及行动不便的旅客疏散。

在疏散旅客、迅速扑救的同时，主动联系当地医院，及时将伤员送往医院救治，最大限度地

减少伤员损失。车站工作人员先期应采取止血、简易固定、包扎等救护措施，为医院救治创造条件。

车站派出所负责保护火灾爆炸现场，维护秩序，疏导交通，并对抢救出的物资做好看管工作，必要时拉出警戒线，防止非工作人员进入火灾爆炸现场。车站工作人员配合铁路公安部门做好现场保护工作，利用广播、显示屏、对讲机、手持喇叭，维护秩序，及时妥善安排好被疏散的旅客，对重点旅客重点照顾，稳定旅客情绪，以免发生混乱。

车站工作人员协助铁路公安部门查明火灾爆炸原因和损失程度，站长指定人员负责清点伤亡人数和旅客财产损失情况，做好旅客姓名、性别、年龄、单位、地址、国籍、车票、身份证号码、其他证件及随身携带物品的登记工作。

车站工作人员要配合铁路公安部门了解情况，提供线索和证据以利铁路公安部门查明原因和侦查破案。

及时成立事故处理工作组并与伤亡旅客或家属协商，按照有关规定妥善处理善后事宜。

6.2.9　恶劣天气下客运组织应急处置

因恶劣天气（含暴雨、大雾、大雪、冰雹、台风等）影响动车组列车正常运行，铁路局集团公司客运（客服）调度应及时通知铁路局集团公司客服中心和相关站段，做好应急处置工作。

1. 动车组列车应急措施

列车长接到有关因恶劣天气影响动车组列车正常运行的通知后，应立即了解车内情况，加强对重点旅客的服务。出现异常情况及时向铁路局集团公司客运（客服）调度和客运段指挥中心报告。

列车长应与司机或滞留地所在铁路局集团公司客运（客服）调度保持联系，了解动车组列车的运行情况，及时向旅客通报。

动车组列车因餐食和饮用水不足，需要补充时，列车长应向滞留地所在铁路局集团公司客运（客服）调度报告，由滞留地所在铁路局集团公司客运（客服）调度指定车站为动车组列车补充餐食和饮用水。

2. 车站的应急措施

车站应及时将因恶劣天气影响动车组列车正常运行的信息向旅客进行公告，做好对旅客的宣传和服务工作。

车站应及时增开退票和改签窗口，为旅客办理退票、改签等手续。

车站公安派出所应协助客运部门维护好售票、候车、乘降等秩序。

车站应根据安排，及时为动车组列车提供餐食和饮用水。

6.2.10　车站发生大客流情况时的应急处置程序

车站突发大客流情况时，应及时向上级主管部门报告，并立即组织车站工作人员和铁路公安部门上岗维护好车站秩序，必要时车站应请求地方政府、铁路公安部门给予支援，同时向上级主管部门报告。

车站应协调地方政府，利用电视、广播、报纸等传统媒体和微信公众号、新闻客户端等新媒体方式广泛宣传、引导旅客理性选择交通工具。

车站应增开售、退票窗口并维护好售、退票秩序。

车站应加强候车组织，充分利用好车站接待能力，做好重点旅客服务工作，维护好候车区域的秩序。

加强乘降组织，重点部位安排专人引导、防护，确保旅客进出站、上下车的安全。

铁路局集团公司应加强运输设备和运能调配，组织加开列车，及时疏散客流。

6.3 高速铁路车站票务及客服系统应急处置

6.3.1 高铁票务应急处置

6.3.1.1 客票发售与预订系统故障应急处置

1. 应急相应等级

按照国铁集团颁布的标准，铁路客票系统应急响应按安全事故、突发事件的严重程度和影响范围，原则上分为Ⅰ、Ⅱ、Ⅲ、Ⅳ四级。

(1)Ⅰ级应急响应。Ⅰ级应急响应的客票系统安全事故突发事件是指全路客票系统由外部攻击及不可抗拒因素造成客票系统严重破坏，导致系统崩溃，中断运行 8 h 及以上，铁路运输无法正常运行，造成巨大经济损失和政治影响的事故。

(2)Ⅱ级应急响应。Ⅱ级应急响应的客票系统安全事故突发事件是指铁路客票系统由于外部攻击、设备损毁、数据丢失等原因，导致以下结果之一的事故：

①全路客票系统中断 4 h 以上，造成经济损失并严重影响全国铁路运输生产。

②北京、上海、广州地区高峰时段中断 2 h 以上，造成经济损失及严重社会影响。

(3)Ⅲ级应急响应。Ⅲ级应急响应的客票系统安全事故突发事件是指铁路客票系统由于外部攻击、设备损毁、数据丢失等原因，导致以下结果之一的事故：

①全路客票系统中断 2～4 h，造成经济损失并影响全国铁路运输生产。

②铁路局集团公司客票系统中断 2 h 以上，造成经济损失并在铁路局集团公司范围内严重影响铁路运输生产。

③北京、上海、广州地区高峰时段中断 1 h 以上，造成经济损失及社会不良影响。

(4)Ⅳ级应急响应。Ⅳ级应急响应的客票系统安全事故突发事件是指铁路客票系统由于外部攻击、设备损毁、数据丢失等原因，导致以下结果之一的事故：

①铁路局集团公司客票系统中断 1 h 以上，造成经济损失并在铁路局集团公司范围内影响铁路运输生产。

②北京、上海、广州地区高峰时段中断 30 min 以上，造成经济损失及社会不良影响。

③全路重点车站(北京、上海、广州地区高峰时段中断除外)客票系统中断 1 h 以上，造成经济损失及社会不良影响。

④全路重点车站出现售票异常(如大量重票、错票、售票速度缓慢等)，造成经济损失及社会不良影响。

2. 应急处置业务流程

无法正常售票时，车站组织启动应急售票程序如下：

(1)售票人员发现故障或售票系统缓慢，立即报告值班员，同时向路局集团公司客票管理所报告。

(2)值班员通知电子室、客运科，并报告车间干部。

(3)售票主任与电子室确认后，报告主管站长。

(4)主管站(段)长向铁路局集团公司应急办汇报请示启动应急售票系统，批准后获取密码，发布启动应急售票系统指令。

(5)接到指令后，车间干部及值班员与计划室联系，分配应急售票窗口可售无座席车票数量，售票员计数发售。

(6)应急售票窗口粘贴揭示，启动应急售票系统，值班主任利用小区广播进行宣传引导，应急窗口离线发售最近 2 h 内的车票。

(7)公安及门卫工作人员到售票厅维持秩序。

(8)系统恢复后，广播引导、组织旅客转移到未启用应急售票的窗口购票。

(9)应急窗口结账，上传数据。

(10)车站结账人员进行应急售票窗口日结账处理。

(11)立即汇总各车次发售数量，报客票管理所。

(12)审核无误后，应急售票窗口启动联网售票软件，恢复联网售票。

应急售票无法启动时，车站组织旅客持本人身份证件直接进站乘车，并根据预售情况控制旅客上车人数，防止列车严重超员，同时向列车通报情况。列车加强车票查验，为直接进站上车的未购票旅客办理补票。

6.3.1.2　车站应急售票

在发生客票网络通信中断、客票系统主机故障、计算机病毒感染、计算机系统非法入侵及其他不可预测的情况时，铁路客票发售系统受到影响，出现故障，不能正常支持客票业务时，会对后续的售票组织和乘车组织都造成巨大的影响，车站需要启动应急响应，以保证正常售票业务办理不受影响。

1. 车站应急售票的流程

应急售票处置对维持旅客购票秩序、保证旅客顺利出行尤为重要。应急售票组织必须建立一套严密的组织流程，依据事态发生发展变化情况及时逐级传递信息，启动应急响应；对不可预知的应急情况，自下而上的信息传递尤为重要，售票人员要密切关注事态的发生发展变化，及时报告，逐级上传，为上级启动应急响应提供支持。

车站计算机应急售票系统是在客票系统正常运行时，预先将基础信息下载到车站专门设置的应急售票系统服务器的数据库中，在客票系统不能联网售票时启动售票窗口应急售票程序，利用车站应急服务器中的数据继续发售电子客票。车站启用应急售票时，只发售距离当前时间一定范围内的无座席。

2. 车站应急售票的特点

(1)考虑乘车安全原则。首先要防止列车恶性超员，确保旅客乘车安全。在应急售票开始前要确定可发售车次的车票张数，向各应急窗口分配可售票数量，控制总售票张数。应急售票系统中提供余票查询和售票一览功能，随时查询本窗口各次列车售票张数，以方便控制无座售票量。

(2)考虑时刻就近原则。应急发售车票应对当前将要开车的车次进行，不宜发售距开车时间尚远的车次的车票，以便在客票系统恢复正常后能够更有效地对后续列车组织发售车票。在正常售票情况下，铁路局集团公司管理人员可以预先对应急售票可售时间进行管理。

(3)考虑操作便捷原则。应急售票系统售票与计算机联网售票在操作方式方法上具有统一性，在系统故障恢复后可以迅速上传应急售票数据，以恢复正常售票。并且，应急售票系统仅售本站无座席车票，仅办理普通票、中转签证和扫描条码退票或手工退票，不办理异地票、通票和始发签证票业务。

(4)足额开启应急售票窗口。要根据购票旅客客流情况，及时、足额开启应急售票窗口，并做好售票窗口功能的规划调整，以满足即时出行旅客的购票需求。

3. 车站应急售票注意事项

在车站启动应急情况下，在售票组织中要特别注意做好宣传和旅客安抚工作，要努力维护正常的售票秩序。

(1)虽然要足额开启应急售票窗口，但并不是说所有售票窗口都启动应急售票，而是隔窗或者分区域启动应急售票，这样既保证正常有序的售票作业，又可以在应急结束后保证剩余窗口可以马上开始正常的联网售票，应急售票窗口也有充足的时间上传相关数据。

(2)应急结束后，在应急售票系统中售出的无座席存根要及时且完整地上传到正常的车站数据库或中心数据库中，这样才能开展后续的结账统计工作。

(3)在应急售票启动期间不能退电子款，如果遇到旅客退电子支付的票，要给其开具“车票收回凭证”，待正常的联网售票恢复后补办正常的退票业务。

6.3.1.3　互联网售换票应急处置

1. 售票应急处置

互联网售票系统监控到内网数据库服务器的中央处理器(CPU)利用率持续 5 min 超过 85%，铁路局集团公司信息部门应及时通知客票总体组，客票总体组通知信息中心，由信息中心对门户访问接入数量采取限制，如服务器负载依然过高，客票总体组通过限制互联网售票系统登用户的数量，保证一定数量用户的正常访问。

2. 互联网应急换票

车站发现无法正常在售票窗口办理互联网电子客票的换票、退票、改签业务，或大量旅客持二代居民身份证无法正常进、出站检票时，立即向铁路局集团公司相关部门汇报。在相关维护部门确定故障无法立即解决时，铁路局集团公司通知车站启动互联网电子客票应急模式。车站接到通知后，根据业务需要打印或由铁路局集团公司提供相关列车持电子客票的旅客信息，同时启动电子客票应急模式，进行应急换票。

车站在应急换票模式下只办理乘车站为本站的电子客票换票业务。车站在启用应急换票功能时，通过各种渠道向旅客公布办理应急换票窗口，同时在应急换票窗口公告旅客:“旅客办理应急换票后，不可在网上办理退票、改签或通过自动售票机再次换票，同时不可持二代居民身份证直接进出闸机，否则将影响旅客下次购票乘车。”在车站售票业务正常时，如果要启动应急换票，车站应根据车站部署应急售票窗口的需要向铁路局集团公司申请授权，并严格管理。

(1)电子客票应急换票。当车站售票业务正常，却不能正常办理互联网电子客票换票业务时，业务人员可以使用售票作业中的应急换票功能办理旅客换票业务。在这种换票方式下，系统是在铁路局集团公司中心级数据库中查找订单信息。当正常的售票业务出现故障时，车站已经启动了应急售票系统，此时就需要启用“电子客票应急换票”功能来办理应急换票业务。在该业务功能从售票应急管理终端下载电子客票信息后，通过自动识读或者手工方式录入旅客二代居民身份证号码或有效身份证件号码和订单号，系统自动查询电子客票信息。当电子客票信息正常时，系统可以为旅客正常打印纸质车票。

(2)打印应急乘车凭证。查询电子客票信息异常或失败时，售票员可输入旅客提供的身份证号码和订单号，或者身份证号码和购票短信中的车次、到站、车厢号和席位号，同时参照车站提供的持电子客票旅客乘车信息，打印“应急乘车凭证”。需要报销的旅客可凭有效身份证件和“应急乘车凭证”在10天内到任一可办理电子客票换票的车站换取车票。

(3)压单处理。在售票系统出现异常或者网络通信不畅时，互联网换票业务中会出现压单现象，即旅客的互联网订单状态显示“已制票”，但是纸制车票并没有制出，而且在售票系统中没有相关制票记录。此时，旅客情绪都比较激动，车站业务人员除了安抚旅客情绪以外，还需要尽快使用售票作业中的“压单处理”功能恢复互联网订单的状态，重新办理电子客票换票业务。

(4)互联网应急换票应注意以下事项：

①在车站售票业务正常时，如果要启动应急换票，车站应根据车站部署应急售票窗口的需要向铁路局集团公司申请授权并严格管理，未经许可不得进行此项操作。

②当电子客票应急换票不能成功换取车票时，需要使用“打印应急乘车凭证”功能办理换票业务，需要报销凭证的旅客可凭有效身份证件和“应急乘车凭证”在10天内到任一可办理电子客票换票的车站换取车票。

6.3.1.4　应急检票

应急检票需在检票系统发生故障时使用，但并不是检票系统的所有故障都需要启用应急程序，只有当自动检票机无法连通集中自动检票应用服务器时，才能启用应急检票。所谓自动检票机无法连通集中自动检票应用服务器，是指检票机与集中服务器的网络中断并且本车站内的网络正常，以及集中服务器关机或死机的情况。

在正常情况下，集中自动检票应用服务器接收客票系统和旅客服务系统发送过来的数据，然后根据这些数据生成检票计划并发送给相关检票机。除此之外，集中自动检票应用服务器还负责定时或实时向应急检票服务器同步检票数据，以确保应急检票服务器上数据的及时性和完整性。

部署在铁路局集团公司集中服务器的自动检票系统在生成基本检票计划、生成检票日计划、收到旅客服务系统动态调整计划，以及在自动检票系统增加检票机定义、修改检票机参数、获取电子票进出站信息、收到电子票检票状态同步时，需要向部署在各车站的应急检票服务器的数据库中插入或修改与各车站相关的记录。当集中服务器出现故障，并且启用应急服务器时，所有检票记录将被保存在应急服务器上；当集中服务器故障处理完成，恢复使用后，应急服务器上保存的检票记录将定时自动同步到集中服务器上。

由于应急检票主要是在集中服务器断网或关机、死机的情况下启用，因此在启用应急检票时，与客票系统和旅客服务系统的网络已经中断，导致客票系统的电子票信息和旅客服务系统的动态调整计划信息都无法及时获取，所以应急检票服务器上的数据不能保证完全及时。

应急检票系统切换流程如下：

1. 判断故障原因

当自动检票系统发生故障，导致不能正常检票时，首先需要判断出现的故障是否符合应急检票的适用范围。

2. 登录应急检票系统，切换检票机指向

经判断系统故障符合应急检票的适用范围，需要启用应急检票时，需登录自动检票管理系统，将自动检票机由原来指向集中服务器切换到指向应急服务器。

6.3.1.5 自动售票机的故障处置

1. 车站出现部分区域或大面积自动售票机停售或售票速度缓慢时，应立即组织维护部门和设备维保单位进行故障排查，同时上报铁路局集团公司客运部，铁路局集团公司客运部协调设备维保单位、客票总体组和路局客票维护部门共同对故障进行排查，确定故障原因。出现大面积故障时，上报国铁集团客运部。车站做好相应的应急处置、旅客组织和解释工作。

2. 自动售票系统发生故障或网络中断时，车站暂停自动售票机售票，同时增加人工售票或应急窗口数量。

3. 因自动售票机车次查询业务量过大，导致自动售票机和人工窗口售票速度缓慢时，铁路局集团公司客运部通知车站停用部分自动售票机，同时及时增加客票系统查询服务器处理能力，满足查询业务需要，并启用自动售票机售票。

4. 自动售票系统向客票系统申请连接大量失败时，铁路局集团公司可根据客票系统运行情况，可适当扩大自动售票系统到客票系统连接池的连接数量。

5. 大量自动售票机不能正常打印报销凭证时，车站可引导旅客到站后打印或通过车站人工窗口打印。

6. 大量自动售票机出现银行卡支付失败时，车站可通过自动售票管理系统暂时取消电子支付功能，暂停仅提供银行卡支付的自动售票机的售票服务。

7. 故障修复后，铁路局集团公司通知车站终止应急状态，车站通过自动售票管理系统恢复自动售票机的正常功能。

6.3.1.6 电子客票应急处置

实施电子客票是落实客运提质计划的重要举措，是深化强基达标、提质增效的重要内容，做好电子客票故障应急处置是确保客运组织平稳有序和电子客票顺利推广实施的重要保障。实施电子客票应用的车站售、检票及相关业务办理出现大范围异常时，各单位要及时汇报，并立即启动应急预案，强化现场组织，做好解释引导服务，加强站车交接配合，确保旅客正常出行和客运组织。电子客票实现了铁路 12306 网站线上线下功能一体化，车站在应急情况下，要优先引导具备条件的旅客使用铁路 12306 手机客户端购票，优先引导使用电子支付购票的旅客通过铁路 12306 手机客户端办理退票、改签等业务。

电子客票条件下，客票销售、进出站检票和实名制核验均采用集中式架构，售、检票数据的实时性与同步性更强，对系统、网络、设备的可靠性要求更高。发生故障时，车站要及时向上级业务和技术主管部门报告有关情况。车站、维保单位、中国铁道科学研究院集团公司客票总体（客票总体组）等单位相互配合，密切联动，根据实际情况开展应急处置。

1. 售票业务

售票业务故障主要有部分窗口售票故障和全部窗口售票故障两种情况。

部分窗口售票故障时，车站应组织引导旅客到功能正常的人工窗口或自助终端办理业务。

所有窗口售票故障时，车站及时上报铁路局集团公司，铁路局集团公司根据故障情况与客票总体组共同研判，必要时关闭该站电子客票功能，即调整为非电子客票售票模式；车站将所有售票窗口和自助终端重新进班，向旅客发售非电子客票。

2. 退票业务

办理退票业务异常的，如旅客能够提供报销凭证，且票款为电子支付的，车站为其开具"车票收回凭证"并将报销凭证收回，待系统恢复后为旅客办理退票手续，按原支付渠道返还票款。

旅客无法提供报销凭证或票款为现金支付的，车站为其开具"铁路受理退票凭证"，登记乘车人身份信息、车票信息、联系方式，待系统恢复后为旅客办理退票手续，如确定旅客未打印报销凭证且票款为电子支付的，按原支付渠道返还票款；如旅客已打印报销凭证或票款为现金支付的，通知该旅客自即日起 30 日内携带"铁路受理退票凭证"和该凭证登记的身份证件前往就近车站办理退票手续。

3. 改签和变更到站业务

业务办理异常时，车站引导了乘客重新购买车票，待系统恢复后为旅客办理原票退票手续，免收手续费。原票按上述退票规则办理。

4. 打印报销凭证

报销凭证打印异常时，车站做好解释工作，引导旅客到站后或选择其他时间打印。

5. 实名验证

实施电子客票的车站实名验证正常运行采用全路电子客票联网运行模式，应急情况下，经铁路局集团公司与客票总体组研判，可采用铁路局集团公司 PSR 验证模式和脱机验证模式，根据实际情况选择处理：

(1)如铁路局集团公司范围内所有车站出现实名验证故障，由客票总体组与铁路局集团公司配合，将实名验证切换为铁路局集团公司 PSR 验证模式，车站实名验证作业按正常状态进行。

(2)如铁路局集团公司范围内个别车站出现实名验证故障，由客票总体组、铁路局集团公司与车站配合，将该站自助实名验证闸机切换为脱机验证模式，仅进行"人、证"一致性核验；对于提供报销凭证或车票的旅客，人工实名核验窗口采用既有方式核验"票、证、人"一致性，对于无法提供报销凭证或车票的旅客，人工实名核验窗口仅进行"人、证"一致性核验。

6. 进出站检票

实施电子客票的车站进出站检票正常运行采用全路电子客票联网运行模式，应急情况下，经铁路局集团公司与客票总体组研判，可采用铁路局集团公司 PSR 检票模式和脱机检票模式，根据实际情况选择处理：

(1)如铁路局集团公司范围内所有车站出现进出站检票故障，由客票总体组与铁路局集团公司配合，将铁路局集团公司管内所有车站进出站检票切换为铁路局集团公司 PSR 检票模式，检票作业按正常状态进行。

(2)如铁路局集团公司范围内个别车站出现进出站检票故障，由客票总体组、铁路局集团公司与车站配合，将该站自助检票闸机切换为脱机检票模式，系统记录旅客身份信息，不核验购票信息。对于无法通过检票闸机或持不可识读身份证件的旅客，引导其在人工检票口使用手持移动终端检票乘车。必要时，检票口工作人员根据实际情况，通过查验购票信息引导旅客乘车。

(3)采用以上模式进行应急检票，车站均需向相关列车通报情况。

7. 列车验票

站车加强联动配合，做好乘降组织，列车通过站车无线交互终端查验车票并进行补检操作。将未查询到购票信息的旅客移交下车站处理。

6.3.2 客服系统故障应急处置

1. 监控设备故障

监控设备发生故障无法实施监控时，监控员要立即通知车站值班干部，车站值班干部要到现场指挥作业，并及时联系设备维护部门解决。

立即通知客运值班员及各岗位人员，加大巡视力度，特别是重点部位的巡视，发生突发情况及时上报，值班干部及各客运值班员要用对讲机及时沟通信息，汇报各岗位情况，确保各岗位作业正常进行。

2. 自动售检票机故障

进站自动检票机发生故障无法检票时，客运人员要立即组织人员将旅客组织到人工检票口，同时增开人工检票口，加大宣传力度，同时维护好旅客乘降秩序。

出站自动检票机将自动检票机调整为通行状态。现场客运值班员要立即组织工作人员进行人工进出站检票作业，作业完毕后，及时通知有关部门修复。

自动售票系统发生故障时，工作人员要迅速赶到现场，妥善处理故障，并引导旅客到人工窗口办理业务。

当站内发生火灾、爆炸等紧急情况时，工作人员要立即开启相关自动检票机通道、关闭自动售票机，并引导旅客到安全区域。

3. 广播系统故障

立即报告：车站广播突发故障时，广播员应立即向车站站长或值班干部报告，并及时向有关部门汇报。车站站长或值班干部要到现场指挥各岗位作业。

加强宣传：客运人员利用手提式喇叭及时向旅客通报列车运行情况，采取预剪，专人带队，引导上车等措施，保证旅客安全、及时、有序、准确乘车。

及时联系：客运值班员与综控室加强联控，掌握列车运行和股道停车情况，各岗位间互通信息，按时组织旅客排队检票、停检、关门，站台上加强巡视，确保安全。

提前上岗：各工作人员应提前上岗，在进出站口、站台、地道等重点部位加强引导，防止旅客上错车，下错站。

报告维修：及时通知有关部门处理，尽快恢复使用。

4. 导向显示屏故障

导向显示系统发生故障时，车站要立即组织人员在候车区、地下通道、站台进行宣传引导，广播室反复广播购票、进站、出站线路，正确引导旅客。同时要在候车区、进站口、进站厅、站台处加强人工引导旅客，并做好解释工作，防止旅客漏乘或错乘现象发生。

6.4 高速铁路车站行车设备故障应急处置

6.4.1 高速铁路车站值班员行车设备故障应急处置程序

高速铁路值班员的职责是在值班站长的领导下，负责车站接发列车的办理和组织指挥工作，督促小组人员按章作业，按接发列车作业标准接发列车，接受铁路局集团公司调度统一指挥，确保安全正点和运输生产任务的完成。当突发事件发生后，高速铁路值班员应遵循以下应急处置程序，处置流程见表 6-1。

表 6-1 行车设备故障应急处置流程

<table>
<tr><th></th><th>程　序</th><th>项　目</th><th>备　注</th></tr>
<tr><td rowspan="6">行车设备故障应急处置流程</td><td>应急处置阻断</td><td>行车设备故障危及行车安全时，立即拦停列车或通知邻站</td><td></td></tr>
<tr><td>报告通知及登记</td><td>(1)报告列车调度员；
(2)通知设备管理单位；
(3)在“行车设备检查登记簿”内登记故障表像；
(4)通知车站值班干部；
(5)通知应急人员现场检查故障(必要时)；
(6)设备管理单位到岗后，督促其到岗签认</td><td></td></tr>
<tr><td>设备单位处理故障</td><td>(1)审核设备管理单位需停用故障设备登记内容，并交车站值班干部审核；
(2)向列车调度员汇报设备管理单位登记内容；
(3)接收调度命令并按规定办理；
(4)在 CTC 上进行标注(占线板或示意图上揭挂相关表示牌、安全帽)</td><td></td></tr>
<tr><td>销记恢复</td><td>(1)审核各设备管理单位的销记及签认情况，交车站值班干部审核；
(2)向列车调度员汇报设备管理单位销记内容；
(3)接收调度命令并按规定办理；
(4)严格按设备单位签认的行车条件组织行车，情况未明时，严禁盲目放行列车</td><td></td></tr>
<tr><td>信息收集、上报</td><td>收集行车设备故障相关的信息资料，并向列车调度员汇报</td><td></td></tr>
<tr><td>非正常接发列车</td><td>根据事件(故障)发生的具体情况，遵照相应流程进行处置</td><td></td></tr>
</table>

6.4.2 高速铁路车站应急处置流程和关键控制

下面从信联闭设备故障、列车或机车车辆故障、接触网故障、运行数据不符、通信设备故障、CTC 故障以及其他故障等八个方面给出高速铁路车站应急处置流程和关键控制步骤。

6.4.2.1 信联闭设备故障

1. 进站(接车进路)信号机故障或接车进路上道岔失去表示、轨道电路非列车占用红光带，见表 6-2。

表 6-2　进站(接车进路)主要相关设备故障处置表

故障现象	室内开放的进站(接车进路)信号机复示器变为红灯或闪红灯;接车进路上某道岔失去表示;接车进路无机车车辆占用,而轨道电路出现红光带,语音报警
主要原因	显示允许运行的信号的灯泡断丝或灭灯,红灯灯泡断丝或灭灯,工务、电务设备故障,道岔夹异物,断轨,机车、车辆侵入,障碍物
应急处置	(1)发现或得到故障信息后,立即通知开往故障地点的列车立即停车。立即报告列车调度员。通知电务、工务部门,并在“行车设备检查登记簿”内登记。通知值班干部、公安。 (2)按规定变更进路接车,或等待设备故障修复,根据设备管理单位的销记,开放进站(接车进路)信号办理接车。 (3)设备故障暂时无法修复,通知胜任人员检查故障轨道区段空闲,在确认工务人员签认线路正常使用后,根据电务登记停用设备的范围和行车条件,汇报列车调度员,组织行车。 (4)单操(手摇)道岔准备接车进路;已排列好进路时,应再次确认进路正确。进路上无联锁的道岔及邻线上的防护道岔现场加锁(分动外锁闭道岔无论对向或顺向,均应对密贴尖轨、斥离尖轨、可动心轨加锁,工务紧固)。(手摇道岔需向段调度室申请命令) (5)进站(接车进路)信号机引导信号能够开放时,在确认接车进路空闲、进路准备妥当后,开放引导信号办理接车(进站信号机内方第一轨道区段红光带时 15 s 内连续点击引导按钮)。 (6)进站(接车进路)信号机引导信号不能开放时,在确认接车进路空闲、进路准备妥当后,请求准许越过该信号机的调度命令,司机凭调度命令越过该信号机。 (7)解锁进路方式。 信号机故障:如故障在信号开放前,使用人解和列车进路始端按钮(或引导按钮)解锁进路;如故障在信号开放后,使用区解方式解锁进路。 信号机灭灯:故障出现在正常开放信号前,列车越过后自动解锁;故障出现在正常开放信号后,使用区解方式。 道岔失表:故障出现在正常开放信号前,点击引导总锁闭按钮;故障出现在正常开放信号后,点击引导总锁闭按钮,再使用区解方式解锁。 红光带:列车越过后红光带消失时,使用人解和列车进路始端按钮(或引导按钮)解锁;列车越过后红光带未消失时,使用区解方式解锁。故障区段道岔解除单锁
关键控制	(1)当排列进路发生道岔无表示(含冬季除雪)时,应立即对道岔进行定、反位单操,若扳动 1~3 个来回,道岔表示恢复,不作为道岔失表办理,可正常接发列车,但应及时通知电务;若扳动 3 个来回仍无表示,按失表办理。但确知发生挤道岔失去表示时,严禁按上述方式进行处置。 (2)胜任人员接车进路上失表道岔现场锁闭,现场确认失表道岔的开通位置必须准确。渡线道岔失表考虑邻线运行列车不能办理正常接发

2. 出站(发车进路)信号机故障或发车进路上道岔失去表示、轨道电路非列车占用红光带,具体故障处置见表 6-3。

表 6-3　出站(发车进路)主要相关设备故障处置表

故障现象	出站(发车进路)信号机红灯灯泡断丝或灭灯,复示器闪红灯;出站(发车进路)信号机开放后,显示允许运行的信号,灯泡断丝或灭灯,复示器亮红灯。发车进路上某道岔失去表示;发车进路无机车车辆占用,而轨道电路出现红光带。语音报警
主要原因	出站(发车进路)信号机灯泡断丝或灭灯,显示允许运行的信号的灯泡断丝或灭灯,工务、电务设备故障,道岔夹异物,断轨,机车、车辆侵入,障碍物

应急处置	(1)发现或得到故障信息后，立即通知开往故障地点的列车立即停车。立即报告列车调度员。通知电务、工务部门，并在“行车设备检查登记簿”内登记。通知值班干部、公安。 (2)能变更进路时，严格按规定使用变更进路发车。设备故障修复，列车调度员(车站控制时为车站值班员)根据设备管理单位的销记，开放出站(发车进路)信号机办理发车。 (3)设备故障暂时无法修复，通知胜任人员检查故障轨道区段空闲，在确认工务人员签认线路正常使用后，根据电务登记停用设备的范围和行车条件，汇报列车调度员，组织行车。 (4)列车按钮或单操(手摇)道岔准备进路(已排列好进路应再次确认正确)。进路上无联锁的道岔及邻线上的防护道岔现场加锁(分动外锁闭道岔无论对向或顺向，均应对密贴尖轨、斥离尖轨、可动心轨加锁，工务紧固)。道岔失表时还应将进路上未失表道岔全部单锁。(手摇道岔需向段调度室申请命令) (5)确认第一离去闭塞分区空闲(未装备 LKJ 的动车组列车为确认区间空闲)和发车进路空闲，进路准备妥当后，列车调度员发布准许进入区间的调度命令，司机凭调度命令进入区间。(不能通过设备确认第一离去闭塞分区空闲时，由工务部门检查确认空闲后，在车站“行车设备检查登记簿”内登记，凭工务部门第一离去闭塞分区空闲的登记组织行车。) (6)出站信号机不能开放时，除按规定交付行车凭证外，对通过列车应预告司机。 (7)装有进路表示器或发车线路表示器的出站信号机，当该表示器不良时，通知司机。 (8)解锁进路。故障出现在正常开放信号前，将锁闭的道岔解锁；故障出现在正常开放信号后，使用区解方式解锁
关键控制	(1)当排列进路发生道岔无表示(含冬季除雪)时，应立即对道岔进行定、反位单操，若扳动 1～3 个来回，道岔表示恢复，不作为道岔失表办理，可正常接发列车，但应及时通知电务；若扳动 3 个来回仍无表示，按失表办理。但确知发生挤道岔失去表示时，严禁按上述方式进行处置。 (2)未装备 LKJ 的动车组列车为确认区间空闲

3. 区间通过信号机故障(含两架及以上)或闭塞分区轨道电路非列车占用红光带，具体故障处置见表 6-4。

表 6-4　区间通过信号机故障或闭塞分区轨道电路非列车占用红光带设备故障处置表

故障现象	区间通过信号机红灯灯泡断丝或灭灯。区间无机车车辆占用，而轨道电路出现红光带。语音报警
主要原因	断轨；机车、车辆侵入；障碍物；电务设备故障
应急处置	(1)发现或得到故障信息后，立即通知区间内已进入故障地点及尚未经过故障地点的列车司机立即停车。 (2)车站值班员立即报告列车调度员。通知工务、电务，在“行车设备检查登记簿”内登记。通知值班干部、公安。 (3)设备管理单位未销记确认可以放行列车前，不得再向该区间放行列车。设备故障修复，列车调度员根据设备管理单位的销记，通知有关列车司机恢复正常行车。 (4)区间通过信号机(闭塞分区非列车占用红光带)故障暂时无法修复，具备放行列车条件时，根据设备管理单位登记的行车限制条件组织行车。待故障地点(发生两处及以上故障时，为运行方向第一故障地点)前的列车运行至前方站(线路所)，对区间内已进入故障地点及尚未经过故障地点的列车，列车调度员确认列车至前方站间空闲后，通知列车司机故障闭塞分区起止里程及防护该闭塞分区的通过信号机号码，逐列恢复运行至前方站，指示后列恢复运行前必须确认前列已完整到达前方站。区间空闲后，按站间组织行车
关键控制	(1)红光带区段不空闲、未经工务人员签认正常，禁止使用。 (2)工务确认线路正常、电务部门故障处理完毕前，逐列组织进入区间的列车开车(前次列车到达，才能组织后一列车开车)

4. 区间列车占用丢失，具体故障处置见表 6-5。

表 6-5　区间列车占用丢失处置表

故障现象	区间有车占用而轨道电路不显示红光带，CTC 区间列车占用丢失报警
主要原因	电务设备故障，车轮踏面污垢、锈蚀导致接触不良
应急处置	(1)立即通知已进入区间的后续列车立即停车，再通知占用丢失的列车停车。车站值班员立即报告列车调度员。 (2)联系占用丢失的列车司机，询问列车位置及现场情况，并通知电务，在“行车设备检查登记簿”内登记故障现象。通知值班干部、公安。 (3)电务部门未销记确认可以放行列车前，不得再向该区间放行后续列车。 (4)故障暂时无法恢复，占用丢失的列车运行无异常，具备放行列车条件时，按照电务部门登记的行车限制条件放行列车。 (5)对已进入区间的占用丢失的列车和后续列车，确认列车至前方站间区间空闲后，通知列车司机逐列恢复运行，指示后续列车恢复运行前必须确认前列已完整到达前方站。 (6)确认区间空闲后，改按站间组织行车
关键控制	指示后列恢复运行前必须确认前列已完整到达前方站

5. 站内股道列车占用丢失，具体处置见表 6-6。

表 6-6　站内股道列车占用丢失处置表

故障现象	站内股道列车占用而轨道电路不显示红光带
主要原因	电务设备故障，车轮踏面污垢、锈蚀导致接触不良
应急处置	(1)立即停止使用该故障区段，联系司机询问列车位置和现场情况。 (2)立即报告列车调度员。通知电务，在“行车设备检查登记簿”内登记故障现象。通知值班干部。 (3)经电务部门检查处理后，按照电务部门登记的行车限制条件组织行车。 (4)对存放车辆的线路，对线路两端信号按钮上加挂安全帽或封闭按钮
关键控制	故障消除前，停止使用该故障区段

6. 站内无空闲线路接车，具体故障处置见表 6-7。

表 6-7　站内无空闲线路接车处置表

故障现象	站内无空闲线路
主要原因	
应急处置	(1)报告列车调度员，与列车调度员共同确定接车线，并申请无空闲线路接车的调度命令。通知值班干部。 (2)采取措施，使接车线内的机车、自轮运转特种设备及其他车辆禁止移动。 (3)调车信号准备进路。 (4)主动联控司机机外停车。指示接车人员机外领车。 (5)列车机外停车后，接车人员待列车停车后，通知司机接车线路、停留车位置等有关注意事项后，以调车手信号将列车领入站内
关键控制	(1)只准许接入为排除故障、事故救援、疏解车辆等所需要的救援列车、不挂车的单机及重型轨道车。 (2)接车进路准备妥当后，应进行锁闭或加锁，但不准开放进站信号或引导信号

7. 列车冒进进站(接车进路)信号机,具体故障处置见表 6-8。

表 6-8 列车冒进进站(接车进路)信号机处置表

故障现象	列车冒进进站(接车进路)信号机
主要原因	
应急处置	(1)通知司机禁止移动。立即通知已进入区间的后续列车停车,不再向该区间放行列车。 (2)报告列车调度员,报告值班干部。 (3)调车信号按钮方式准备进路,对不能以调车信号按钮排列的道岔单操并锁闭,确认接车进路正确。 (4)在确认接车进路准备妥当和列车运行条件具备后,使用列车无线调度通信设备通知司机进站。
关键控制	准备进路,单操的道岔要锁闭

8. 列车冒进出站(发车进路)信号机,具体故障处置见表 6-9。

表 6-9 列车冒进出站(发车进路)信号机处置表

故障现象	列车冒进出站(发车进路)信号机
主要原因	
应急处置	(1)通知司机禁止移动。立即通知已进入区间的后续列车停车,不再向该区间放行列车。 (2)报告列车调度员,报告值班干部。 (3)如退回,应在具备条件后,布置列车后退。 (4)如不退回,对出发或通过列车,可在确认发车进路准备妥当、第一离去闭塞分区空闲、列车运行条件具备后,使用列车无线调度通信设备通知司机继续运行
关键控制	调车信号按钮方式准备进路,对不能以调车信号按钮排列的道岔单操并锁闭,确认进路正确

9. 列车发生挤道岔,具体故障处置见表 6-10。

表 6-10 列车发生挤道岔处置表

故障现象	列车发生挤道岔
主要原因	列车、调车车列冒进信号、道岔中途转换等
应急处置	(1)立即呼叫列车停车。 (2)报告列车调度员。通知工务、电务设备管理单位,在“行车设备检查登记簿”内登记。通知值班干部。 (3)了解掌握事故概况及现场情况,通知事故救援有关人员。 (4)当机车车辆挤上道岔时,不准后退,应顺道岔方向缓缓前移,使机车车辆全部越过道岔。越过后若须后退时,应将道岔扳(顺)向尖轨未挤坏的一侧,钉固(紧固)后方准后退。挤上交分道岔时,禁止移动,通知工务、电部门检查,确定处理方法。(手摇道岔需向段调度室申请命令)
关键控制	先确认有无脱轨,是否影响邻线

10. 基本闭塞设备故障发车,具体故障处置见表 6-11。

表 6-11 基本闭塞设备故障发车处置表

故障现象	基本闭塞设备发生故障导致基本闭塞法不能使用
主要原因	电务、工务设备故障

应急处置	(1)立即报告列车调度员,申请停基改电的调度命令。通知电务、工务部门,并在“行车设备检查登记簿”内登记。报告值班干部。 (2)车站值班员办理发车时,应查明区间空闲,与邻站核对调度命令,接受邻站电话记录号码(双线正方向首列后发车为取得前次列车到达的电话记录号码),办理闭塞手续。 (3)列车信号按钮准备进路(排列好的进路,再次确认进路正确)。通过CTC车务终端或控显器光带确认进路。 (4)向列车调度员报告,请求发布作为行车凭证的调度命令。 (5)执行车机联控。 (6)接受列车到达的电话记录号码,确认区间空闲,办理区间开通手续
关键控制	(1)当有通过列车进站时,立即呼叫司机站内停车。 (2)使用调度命令无线传送系统传送行车凭证,列车调度员办理接发列车时,由列车调度员传送,车站值班员办理接发列车时,由车站值班员传送。 (3)作为行车凭证的调度命令,在接发列车进路准备妥当后,方可向司机发布(转达)

11. 反向闭塞设备故障反方向接车,具体故障处置见表6-12。

表6-12 反向闭塞设备故障反方向接车处置表

故障现象	正方向不能组织行车,反方向自动站间闭塞设备故障
主要原因	电务、工务设备故障
应急处置	(1)报告列车调度员,通知电务、工务等设备单位,在“行车设备检查登记簿”内登记故障现象。通知值班干部。 (2)由列车调度员发布停止基本闭塞法改按电话闭塞法行车和反方向行车的调度命令。 (3)确认区间空闲,与邻站核对调度命令,发出电话记录号码,办理闭塞手续。 (4)开放反向进站信号机接车,反向进站信号机故障时,开放引导信号或发布调度命令接车。 (5)列车到达发出电话记录号码,确认区间空闲,办理区间开通手续
关键控制	(1)反方向行车前,确认区间空闲,与邻站核对调度命令。 (2)办理闭塞、下达命令、布置开放信号,带“反方向”

12. 反向闭塞设备故障反方向发车,具体故障处置见表6-13。

表6-13 反向闭塞设备故障反方向发车处置表

故障现象	正方向不能组织行车,反方向自动站间闭塞设备故障
主要原因	电务、工务设备故障
应急处置	(1)报告列车调度员,通知电务、工务等设备单位,在“行车设备检查登记簿”内登记故障现象。通知值班干部。 (2)由列车调度员发布停止基本闭塞法改按电话闭塞法行车和反方向行车的调度命令。 (3)确认区间空闲,与邻站核对调度命令,接受邻站电话记录号码,办理闭塞手续。 (4)调车信号按钮准备进路(排列好的进路,再次确认进路正确)。 (5)向司机发布(转达)作为行车凭证的调度命令,严格执行车机联控。 (6)接受列车到达的电话记录号码,确认区间空闲,办理区间开通手续
关键控制	(1)反方向行车前,确认区间空闲,与邻站核对调度命令。 (2)办理闭塞、下达命令、布置开放信号,带“反方向”。 (3)作为行车凭证的调度命令,在发车进路准备妥当后,方可向列车调度员请求发布

13. 反方向发车(有反向闭塞设备),具体故障处置见表 6-14。

表 6-14　反方向发车处置表

故障现象	仅限于整理列车运行时,方可使列车反方向运行;但旅客列车仅在正方向区间的线路封锁、发生自然灾害、因事故中断行车,以及正方向设备故障严重影响列车运行秩序而反方向自动站间闭塞设备良好等特殊情况下,经调度所值班主任(值班副主任)准许,方可反方向运行
主要原因	
应急处置	(1)报告列车调度员,通知电务、工务等设备单位,在"行车设备检查登记簿"内登记故障现象。通知值班干部。 (2)由列车调度员发布反方向行车的调度命令。 (3)将调度命令转达至司机。 (4)与邻站确认区间空闲,核对调度命令,办理列车预告并带"反方向";在"行车设备检查登记簿"内登记,破封使用"允许改方"按钮。 (5)按规定开放反向出站信号。 (6)列车开车,向邻站报点。 (7)听取邻站到达,开通区间。"允许改方"按钮复位
关键控制	(1)反方向行车前,确认区间空闲,与邻站核对调度命令。 (2)办理预告、下达发车命令、布置开放信号,带"反方向"

14. 反方向接车(有反向闭塞设备),具体故障处置见表 6-15。

表 6-15　反方向接车处置表

故障现象	仅限于整理列车运行时,方可使列车反方向运行;但旅客列车仅在正方向区间的线路封锁、发生自然灾害、因事故中断行车,以及正方向设备故障严重影响列车运行秩序而反方向自动站间闭塞设备良好等特殊情况下,经调度所值班主任(值班副主任)准许,方可反方向运行
主要原因	
应急处置	(1)报告列车调度员,通知电务、工务等设备单位。在"行车设备检查登记簿"内登记故障现象。通知值班干部。 (2)由列车调度员发布反方向行车的调度命令。 (3)与邻站确认区间空闲,核对调度命令,接受邻站预告。 (4)按规定开放反向进站信号。 (5)执行车机联控。 (6)列车到达,向邻站报点,开通区间
关键控制	(1)反方向行车前,确认区间空闲,与邻站核对调度命令。 (2)办理预告、下达发车命令、布置开放信号,带"反方向"

15. 站内信号联锁及区间闭塞设备停电(停用)

(1)站内信号联锁及区间闭塞设备停电(停用)发车,具体故障处置见表 6-16。

表 6-16　站内信号联锁及区间闭塞设备停电发车处置表

故障现象	站内信号联锁及区间闭塞设备停电(停用)
主要原因	电务、供电设备故障

应急处置	（1）报告列车调度员，通知电务、供电，并在“行车设备检查登记簿”内登记。通知值班干部。 （2）设备故障暂不能恢复时，确认电务、供电部门在“行车设备检查登记簿”准许放行列车的签认，汇报列车调度员，请求停止基本闭塞法改电话闭塞法行车命令。 （3）确认区间空闲，与邻站核对调度命令，接受邻站电话记录号码，办理闭塞手续。 （4）手摇道岔准备进路，进路上无联锁的道岔及邻线上的防护道岔现场加锁（分动外锁闭道岔无论对向或顺向，均应对密贴尖轨、斥离尖轨、可动心轨加锁，工务紧固）。（准备好的进路，再次确认进路正确）。 （5）向司机发布（转达）作为行车凭证的调度命令，严格执行车机联控。 （6）接受列车到达的电话记录号码，确认区间空闲，办理区间开通手续
关键控制	作为行车凭证的调度命令，在接发列车进路准备妥当后，方可向列车调度员请求发布

（2）站内信号联锁及区间闭塞设备停电（停用）接车，具体故障处置见表 6-17。

表 6-17　站内信号联锁及区间闭塞设备停电接车处置表

故障现象	站内信号联锁及区间闭塞设备停电（停用）
主要原因	电务、供电设备故障
应急处置	（1）报告列车调度员，通知电务、供电，并在“行车设备检查登记簿”内登记。通知值班干部。 （2）设备故障暂不能恢复时，确认电务、供电部门在“行车设备检查登记簿”准许放行列车的签认，汇报列车调度员，请求停止基本闭塞法改电话闭塞法行车命令。 （3）听取预告（闭塞），确认区间空闲，与邻站核对调度命令，发出电话记录号码，办理闭塞手续。 （4）手摇道岔准备进路，进路上无联锁的道岔及邻线上的防护道岔现场加锁（分动外锁闭道岔无论对向或顺向，均应对密贴尖轨、斥离尖轨、可动心轨加锁，工务紧固）。（准备好的进路，再次确认进路正确）。 （5）列车调度员发布准许越过进站（接车进路）信号机的调度命令，司机凭调度命令越过该信号机。执行车机联控。 （6）确认列车到达后，发出电话记录号码，确认区间空闲，办理区间开通手续
关键控制	作为行车凭证的调度命令，在接发列车进路准备妥当后，方可向列车调度员请求发布

6.4.2.2　列车或动车组故障

1. 列车

（1）列车救援，具体救援处置见表 6-18。

表 6-18　列车救援处置表

故障现象	列车被迫停车不能移动
主要原因	机车、车辆故障，装载货物倾覆，停在接触网无电区等
应急处置	（1）接到救援申请，报告列车调度员。立即呼叫后续列车停车，双线区间影响邻线时，亦应拦停邻线列车。通知站长（副站长）。 （2）列车调度员根据情况确定使用内燃（电力）机车、救援列车或动车组担当救援，并将救援方案通知车站值班员和请求救援列车司机。 （3）接收封锁区间开行救援列车的调度命令。 （4）了解掌握事故概况及现场情况，通知事故救援有关人员。 （5）整理站场、腾空线路，为救援列车到达或发生事故的列车（车列、车辆）拉回车站做好准备。 （6）向封锁区间发出救援列车（救援动车组）时，不办理行车闭塞手续，以列车调度员的命令，作为进入封锁区间的许可。救援动车组在故障动车组尾部救援时，开放出站信号，担当救援的动车组按完全监控模式进入区间。 （7）在事故调查组人员到达前，站长（副站长）应随乘发往事故地点的第一列救援列车（分部运行时挂取遗留车辆的机车除外）到事故现场，负责指挥列车有关工作。连挂前，司机须与列车调度员联系，在得到列车调度员已发布邻线限速 160 km/h 及以下的调度命令（妨碍邻线及组织旅客疏散时为已扣停邻线列车）的口头指示后，方可开始作业

关键控制	(1)立即呼叫后续列车停车,影响邻线时,亦应拦停邻线列车。 (2)将救援方案通知请求救援列车司机。使用机车、救援列车后部救援时,在得到救援请求 20 min 后方可开行救援列车。 (3)救援列车的出发或返回,均应通知列车调度员及对方站。 (4)使用机车救援动车组时,动车组列控车载设备转入或退出隔离模式不发布调度命令

(2)列车发生冲突、颠覆、脱轨,具体处置见表 6-19。

表 6-19 列车发生冲突、颠覆、脱轨处置表

故障现象	列车发生冲突、颠覆、脱轨
主要原因	线路、桥隧、信号等设备故障,装载货物倾覆,列车操作不当等
应急处置	(1)得到列车发生冲突、颠覆、脱轨的报告,立即呼叫后续列车停车,双线区间影响邻线时,亦应拦停邻线列车。 (2)报告列车调度员。 (3)通知工务、电务、供电、通信、房建等各设备单位,通知值班干部、公安。 (4)需要事故救援时,按照表 6-8 办理
关键控制	得到列车发生冲突、颠覆、脱轨的报告,立即呼叫后续列车停车,影响邻线时,亦应拦停邻线列车

(3)列车发生火灾、爆炸,具体处置见表 6-20。

表 6-20 列车发生火灾、爆炸处置表

故障现象	列车发生火灾、爆炸
主要原因	装载货物原因,旅客携带危险品,客车电气线路故障、餐车炉灶使用不当等
应急处置	(1)立即通知邻线相关列车及本线后续列车停车,不再向区间放行列车。 (2)报告列车调度员,通知设备管理单位、值班干部、公安。 (3)通知消防、医院部门赶赴现场进行灭火、抢救。 (4)了解掌握事故概况及现场情况,通知事故救援有关人员。 (5)需接触网停电配合时,应立即通知接触网工区人员到岗办理登记手续。 (6)在站内发生爆炸、火灾时,紧急疏散旅客后,通知司机按照规定处理
关键控制	(1)旅客列车着火时,首先疏散着火车辆内的旅客。 (2)发生旅客列车爆炸、火灾需要疏散旅客时,挂有装载化学品、有毒气体的车辆泄漏时,立即停止邻线列车向事发地段运行

(4)列车运行中发现有人扒乘,具体处置见表 6-21。

表 6-21 列车运行中发现有人扒乘处置表

故障现象	旅客列车机车车辆有扒乘人员
主要原因	人员擅自攀附车厢外侧、车顶等
应急处置	(1)及时向列车调度员报告,列车调度员须立即安排列车在前方站停车处理。 (2)报告值班干部、公安。 (3)在接触网带电线路上处理车顶人员时,车站应向列车调度员提出停电申请,列车调度员通知供电调度员停电,供电调度员应通知供电段验电、接地,并由供电段在车站"行车设备检查登记簿"内登记后,方准处理
关键控制	禁止恫吓车顶人员或用物品插、投,以防高压电击伤害

(5)旅客列车变更进路，具体处置见表6-22。

表6-22 旅客列车变更进路处置表

故障现象	旅客列车变更进路
主要原因	施工封锁、设备故障
应急处置	(1)报告列车调度员。 (2)通知值班干部。 (3)原规定为通过的旅客列车由正线变更为到发线接车及动车组列车、特快旅客列车遇特殊情况必须变更基本进路时，须经列车调度员准许，并预告司机；如来不及预告时，应使列车在站外停车后，开放信号机，再接入站内。 (4)遇特殊情况，旅客列车不能按《车站行车工作细则》规定线路接发时，车站应根据实际经过道岔的状况，向列车调度员提出申请，由列车调度员发布调度命令后，限速运行。 (5)动车组列车遇特殊情况需变更办理客运业务的固定股道时，须经调度所值班主任(值班副主任)准许。 (6)动车组列车遇特殊情况需变更办理客运业务的固定股道时，车站值班员通知车站客运广播室，做好接车准备
关键控制	(1)动车组列车按列控车载设备方式行车时，禁止在未设置列控信息的股道及进路上接发。 (2)禁止办理经由同一咽喉两正线间八字渡线道岔的列车变更进路

(6)列车在区间被迫停车，具体处置见表6-23。

表6-23 列车在区间被迫停车处置表

故障现象	列车超过规定的区间运行时分，接到司机列车在区间被迫停车的报告
主要原因	主管爆破、支管爆破、断钩、爬坡不上、接触网故障、机车故障、车辆抱闸、使用紧急制动阀、电力机车在无电区停车等
应急处置	(1)接到司机通知后，应将区间内列车运行情况通知司机。 (2)立即使用列车无线调度通信设备通知区间内后续列车停车，在停车原因消除前不得再向区间内放行列车。 (3)报告列车调度员。通知值班干部。 (4)故障处理完毕，司机自行开车
关键控制	(1)接到列车被迫停车可能妨碍邻线的通知后，应立即通知邻线有关列车停车，在原因消除前不得向邻线放行列车。 (2)列车在区间被迫停车救援时，按照救援规定办理

(7)客车车辆故障及甩车处理，具体处置见表6-24。

表6-24 客车车辆故障及甩车处理处置表

故障现象	客车车辆轮轴故障、车体下沉(倾斜)、车辆剧烈振动等危及行车安全的情况；抱闸、热轴、车轮踏面损坏超过限度或车辆故障不能继续运行
主要原因	自动制动机故障；人力制动机未松开。车辆抱闸、热轴、燃轴、制动梁脱落等

应急处置	(1)动车组以外的旅客列车运行途中,发现列车车辆走行部有冒烟、冒火星、车轮发红等抱闸情形时,要呼叫司机在就近合适地点停车。立即通知区间内后续列车停车,不再向该区间放行列车。 (2)立即汇报列车调度员,通知值班干部。 (3)联系司机将有关情况及时报告列车调度员。 (4)列车停车后,司机在接到列车调度员已发布邻线列车限速 160 km/h 及以下调度命令的口头指示后,通知车辆乘务员检查处理。 (5)需要列车限速运行时,及时报告列车调度员,及时传输(转达)或交递限速命令,执行车机联控。 (6)如车轮踏面损坏超过限度或车辆故障不能继续运行时,应甩车处理。甩车处理时,立即组织调车人员进行作业,尽快将甩下车辆调送至客停线,减少占用客运车场到发线时间。 (7)关门车位于列车最后一位的,列车运行至前方站停车处理或调整编组。关门车为 2 辆及 2 辆以上时,车辆乘务员要计算每百吨列车重量的换算闸瓦压力,根据闸瓦压力提出限速要求,列车按限速要求运行至前方站停车处理或甩车
关键控制	甩车时做好故障车辆货票的交接

(8)动车组列车运行途中发生车辆故障,具体处置见表 6-25。

表 6-25　动车组列车运行途中发生车辆故障处置表

故障现象	动车组基础制动装置故障致使车轮抱死不缓解,车窗玻璃破损导致车厢密封失效,空气弹簧故障,车载信息监控装置提示轴承温度超过报警温度,转向架监测故障、车辆下部异音、异状
主要原因	
应急处置	(1)得到报告,立即汇报列车调度员,通知值班干部。 (2)动车组基础制动装置故障致使车轮抱死不缓解;车载信息监控装置提示轴承温度超过报警温度;转向架监测故障、车辆下部异音、异状时,立即通知区间内后续列车停车,并不得再向该区间放行列车。 (3)联系司机将有关情况及时报告列车调度员。 (4)列车停车后,司机在接到列车调度员已发布邻线列车限速 160 km/h 及以下调度命令的口头指示后,通知随车机械师下车检查处理。 (5)列车需要限速运行时,及时报告列车调度员,及时传输(转达)或交递限速命令。 (6)不能继续运行时,按救援请求及时组织救援
关键控制	危及行车安全,立即通知区间内后续列车停车,并不得再向该区间放行列车

(9)列车退行、动车组列车返回,具体处置见表 6-26。

表 6-26　动车组列车运行途中发生车辆故障处置表

故障现象	列车需退回,动车组列车返回原发车站
主要原因	前方站不能接车、列车不能继续运行、前方线路出现故障
应急处置	(1)立即汇报列车调度员,通知值班干部。 (2)列车必须在区间退行时,须扣停后续列车,并确认退行距离内的闭塞分区空闲后通知司机允许退行。退行至站内(动车组列车返回),还应确认列车至后方站间已空闲。 (3)开放进站信号机或按引导办法将列车接入站内。 (4)列车到达后向邻站及列车调度员报点
关键控制	(1)动车组列车若需退行至站内,列车调度员应发布调度命令。 (2)在降雾、暴风雨雪及其他不良条件下,难以辨认信号时,列车不准退行

(10)列车碰撞异物,具体处置见表 6-27。

表 6-27　列车碰撞异物处置表

故障现象	列车运行中碰撞异物影响行车安全
主要原因	异物侵限
应急处置	(1)立即汇报列车调度员。立即通知本线已进入区间的后续列车停车,不再向该区间放行列车。碰撞异物侵入邻线影响邻线行车安全时,应立即通知邻线尚未经过该地点的列车停车,不再向邻线该区间放行列车。 (2)通知工务、电务、供电部门。 (3)通知值班干部、公安。 (4)联系司机将有关情况及时报告列车调度员。 (5)需下车检查时,列车调度员根据司机请求及时发布邻线限速 160 km/h 及以下的调度命令。 (6)经检查列车可以继续运行时,恢复运行。如检查未发现异常情况,列车调度员向本线后续首列发布口头指示限速 160 km/h 运行,限速位置按碰撞异物地点前后各 2 km 确定,确认线路和接触网有无异常状态,列车调度员在得到司机无异常的报告后,组织本线后续列车恢复正常运行;有影响行车异常情况时,列车调度员根据司机报告,扣停后续列车或组织后续列车限速运行,及时通知有关部门按规定上道检查处理。 (7)经下车检查确认不能继续运行时应及时请求救援,并按规定进行防护。 (8)不能继续运行时,按救援请求及时组织救援
关键控制	危及行车安全,立即通知区间内后续列车停车,并不得再向该区间放行列车

2. 动车组

(1)动车组列车停在接触网分相无电区,具体处置见表 6-28。

表 6-28　动车组列车停在接触网分相无电区处置表

故障现象	动车组列车停在接触网分相无电区
主要原因	动车组无动力
应急处置	(1)立即通知已进入区间的后续列车停车,不再向该区间放行列车。 (2)报告列车调度员,报告值班干部。 (3)按列车调度员的指示办理(具备采用换弓、退行闯分相等方式自救时,根据确定的自救方案,组织自救;不具备自救条件时,向中性区远动送电或组织救援。不具备向中性区远动送电时,列车调度员发布邻线限速 160 km/h 及以下的调度命令,确定救援方案,组织救援)。 (4)需要救援,按照救援办法办理
关键控制	

(2)列控车载设备故障,具体处置见表 6-29。

表 6-29　列控车载设备故障处置表

故障现象	动车组列车运行中遇列控车载设备故障并导致列车停车;已在区间内运行的装备 LKJ 的动车组列车因列控车载设备故障,不能恢复正常运行但能提供机车信号;已在区间内运行的未装备 LKJ 的动车组列车列控车载设备故障,不能恢复正常运行
主要原因	设备故障

应急处置	(1)接到报告,汇报调度员。 (2)通知值班干部。 (3)视情况启用不同的运行方式: ①已在区间内运行的装备LKJ的动车组列车因列控车载设备故障,不能恢复正常运行但能提供机车信号时,列车调度员发布改按LKJ方式行车的调度命令,动车组列车改按LKJ方式运行。 ②已在区间内运行的未装备LKJ的动车组列车列控车载设备故障,不能恢复正常运行。不再向该区间放行列车,并通知已进入区间的后续列车立即停车。确认该列车至前方站间空闲后,列车调度员发布改按隔离模式运行的调度命令,列车改按隔离模式,按地面信号显示以不超过40 km/h的速度运行至前方站。该列车到达前方站后,列车调度员方可通知后续列车恢复运行
关键控制	装备LKJ的动车组列车改按LKJ方式运行,未装备LKJ的动车组列车改按隔离模式运行

(3)机车信号、LKJ、GYK故障,具体处置见表6-30。

表6-30 机车信号、LKJ、GYK故障处置表

故障现象	机车信号、列车运行监控装置(LKJ)、轨道车运行控制设备(GYK)故障
主要原因	设备故障
应急处置	(1)接到报告,汇报调度员,不再向该区间放行列车,并通知已进入区间的后续列车立即停车。 (2)通知值班干部。 (3)列车调度员确认该列车至前方站间空闲后通知司机。(动车组列车按地面信号显示以不超过40 km/h的速度运行至前方站;动车组以外的列车按地面信号显示以不超过20 km/h的速度运行至前方站停车处理或更换机车。) (4)该列车到达前方站后,列车调度员方可通知后续列车恢复运行
关键控制	按LKJ方式运行的动车组列车遇机车信号或LKJ故障在车站出发时,改按隔离模式运行

(4)受电弓故障,具体处置见表6-31。

表6-31 受电弓故障处置表

故障现象	受电弓挂有异物;运行途中自动降弓
主要原因	设备故障
应急处置	(1)接到报告,汇报调度员。应立即通知区间内后续列车停车,不再向该区间放行列车。 (2)通知值班干部。 (3)列车调度员根据下车检查或登顶作业的请求,发布邻线列车限速160 km/h及以下调度命令;需登顶作业时,列车调度员还应通知该供电臂内的列车停车并降弓,与供电调度员办理接触网停电手续,得到供电调度员接触网已停电的通知后,发布准许登顶作业的调度命令。 (4)异物处理完毕后: ①司机应报告列车调度员,列车调度员与供电调度员办理接触网送电手续,通知该停电供电臂内的列车升起受电弓,取消邻线限速,恢复正常行车。需限速运行时,司机(动车组列车根据随车机械师的通知)限速运行。 ②运行途中自动降弓,经检查处理列车恢复运行后,列车调度员应立即向本线尚未经过该地点的首列列车发布口头指示限速80 km/h注意运行,限速位置原则上按司机汇报故障地点前后各2 km确定。司机应注意观察接触网设备状态,发现影响行车异常情况时应立即停车并向列车调度员报告,列车调度员立即通知尚未经过异常地点的后续列车停车,不再向该区间放行列车,并立即通知供电部门检查处理,列车调度员按供电部门登记的行车限制条件组织行车。无异常时,列车调度员根据司机确认无异常的报告组织后续列车正常运行
关键控制	接到报告,应立即通知区间内后续列车停车,不再向该区间放行列车

6.4.2.3 接触网故障

1. 接触网停电，具体处置见表6-32。

表6-32 接触网停电处置表

故障现象	牵引供电设备跳闸，接触网供电单元停电
主要原因	供电设备故障
应急处置	(1)应立即扣停未进入停电区域的相关列车，对已进入停电区域的列车应通知司机停车。 (2)报告列车调度员，通知供电部门。 (3)通知值班干部、公安。 (4)按规定执行相应的行车限制卡，揭示相应的“接触网停电行车安全风险明示卡”(以下简称“明示卡”)，按“明示卡”要求在CTC车务终端进行相关标注、锁闭道岔、封闭按钮(非常站控时揭挂相应表示牌)。 (5)由供电部门在车站“行车设备检查登记簿”内登记接触网停电及影响范围，申请接触网停电的调度命令、组织应急抢修。根据列车调度员的接触网停电的命令，执行好有关行车限制要求。 (6)故障处理完毕后，审核销记情况。撤除“明示卡”，解除相应标记(表示牌)，解锁道岔。 (7)汇报列车调度员，按其指示组织列车
关键控制	供电单元停电时，立即呼叫停电区域内或即将进入停电区域的列车及调车车列停车

2. 接触网异状，具体处置见表6-33。

表6-33 接触网异状处置表

故障现象	接触网缠绕气球、塑料袋等异物
主要原因	因大风造成异物缠绕接触网设备
应急处置	(1)接到接触网上有异物的报告，立即呼叫后续列车注意运行。得到不能降弓通过的报告，立即通知后续列车停车，不得再向该区间放行列车。 (2)报告列车调度员。 (3)通知接触网工区。在“行车设备检查登记簿”内登记。 (4)通知值班干部、公安。 (5)视异物具体情况处理： ①本线挂有异物不影响行车时，司机按正常行车方式通过。本线降弓可以通过时，列车调度员向该线后续列车发布限速160 km/h降弓通过故障地点的调度命令(不设置列控限速)，限速降弓位置原则上按司机汇报故障地点前后各2 km确定。不能降弓通过时应立即通知本线后续列车停车，不得再向该区间放行列车。 ②邻线挂有异物不能降弓通过，立即通知邻线尚未经过该地点的列车停车，不得再向邻线该区间放行列车。不能确定异物是否影响邻线行车，列车调度员应立即向邻线尚未经过该地点的首列列车司机发布口头指示限速80 km/h注意运行，限速位置原则上按司机汇报故障地点前后各2 km确定。根据该司机确认情况处理。 (6)接触网工区按规定处置接触网异物。 (7)供电部门检查处理后，列车调度员按供电部门登记的行车限制条件组织行车。故障处理完毕后，列车调度员根据供电部门在“行车设备检查登记簿”内的销记，恢复正常行车组织
关键控制	危及安全时呼叫司机停车

3. 接触网附近发生火灾，具体处置见表6-34。

表6-34 接触网附近发生火灾处置表

故障现象	接触网停附近发生火灾
主要原因	发生火灾
应急处置	(1)立即报告列车调度员。 (2)通知供电部门，并在“行车设备检查登记簿”内登记。通知值班干部、公安。 (3)如接触网需要停电时，按接触网停电处理。 (4)拨打“119”报警电话
关键控制	

4. 接触网停送电作业，具体处置见表6-35。

表6-35 接触网停送电作业处置表

故障现象	接触网停、送电
主要原因	接触网检修作业、处理故障需要、作业需要
应急处置	(1)接到应急处置需接触网停电的请求，汇报列车调度员，通知供电(接触网)工区人员(施工维修作业为按规定提前到车站办理登记)，通知值班干部。 (2)由接触网工区在车站按规定登记，申请停电作业。 (3)将供电(接触网)工区登记情况向列车调度员报告。 (4)接受、核对调度命令，重点确认停电范围、时间。 (5)将停电调度命令转交给接触网工区，同意签认作业，按“明示卡”要求在CTC车务终端进行相关“标注”、锁闭道岔、封闭按钮(非常站控时应揭挂相应表示牌)。 (6)作业完毕，由供电(接触网)工区进行销记。 (7)确认销记内容正确，转报列车调度员。 (8)接受恢复供电的调度命令。 (9)调度命令转交接供电(接触网)工区。 (10)撤除“明示卡”，解除相应标记(表示牌)，解锁道岔
关键控制	(1)重点确认停电单元，影响范围；执行好行车限制卡的内容，对相关线路设置“无电”属性及标注、揭示“明示卡”。 (2)申请停电前，确认停电范围内接触网上无负荷。 (3)请求送电前，确认接触网工区的销记，作业完毕，人员撤离

6.4.2.4 运行数据不符

1. LKJ数据不符，具体处置见表6-36。

表6-36 LKJ数据不符处置表

故障现象	机车司机报告在途列车LKJ数据与线路变化后启用数据(含列车已换装数据而线路尚未启用新数据)不相符的
主要原因	
应急处置	(1)立即通知司机停车，报告列车调度员。 (2)通知值班干部。 (3)接收调度命令，复诵核对无误后转达(递交)司机。 (4)执行换装期间制定的行车措施

关键控制	(1)立即通知司机停车。 (2)换装期间要制定特别行车措施

2. 列车运行途中，遇交付揭示、IC 卡数据、地面移动减速信号牌、列车无线调度电话通知的限速值、限速地点不一致时，具体处置见表 6-37。

表 6-37 限速值、限速地点不一致时处置表

故障现象	接到列车运行途中，遇交付揭示、IC 卡数据、地面移动减速信号牌、列车无线调度电话通知的限速值、限速地点不一致的报告
主要原因	
应急处置	(1)报告列车调度员。 (2)通知值班干部。 (3)按列车调度员指示办理
关键控制	

3. 列车运行途中，遇施工取消、施工提前结束、改变行车办法等必须取消 IC 卡数据控制，具体处置见表 6-38。

表 6-38 必须取消 IC 卡数据控制时的处置表

故障现象	列车运行途中，遇施工取消、施工提前结束、改变行车办法等必须取消 IC 卡数据控制
主要原因	
应急处置	(1)列车调度员发布施工较规定时间推迟开始、提前完毕、延迟结束、提前开始的调度命令及指示。 (2)通知值班干部。 (3)向司机交付(转达)调度命令。 (4)涉及速度变化时，按要求与司机进行联控
关键控制	

4. 车运行途中，遇跨越运行揭示调度命令有效时段或其他原因，造成列车运行没有可依据的运行揭示调度命令，具体处置见表 6-39。

表 6-39 列车运行没有可依据的运行揭示调度命令时的处置表

故障现象	列车运行途中，遇跨越运行揭示调度命令有效时段或其他原因，造成列车运行没有可依据的运行揭示调度命令
主要原因	
应急处置	(1)立即报告列车调度员，危及行车安全时，立即拦停列车。 (2)通知值班干部。 (3)向司机交付(转达)运行揭示调度命令
关键控制	危及行车安全时，果断拦停列车

5. 司机汇报无调度命令(与实际不一致),具体处置见表 6-40。

表 6-40 司机汇报无调度命令时的处置表

故障现象	司机汇报无调度命令(与实际不一致)
主要原因	
应急处置	(1)立即报告列车调度员,危及安全时立即拦停列车。 (2)通知值班干部。 (3)按列车调度员的指示指挥行车。 (4)列车调度员如需补发调度命令或指令车站交付调度命令时,按规定交付(转达)司机
关键控制	危及行车安全时,果断拦停列车

6. 地面信号与机车信号不符,具体处置见表 6-41。

表 6-41 地面信号与机车信号不符处置表

故障现象	地面信号与机车信号不符
主要原因	
应急处置	(1)立即报告列车调度员(遇地面信号为红灯而司机汇报机车信号为允许运行的信号时,立即呼叫司机停车。) (2)通知电务部门,并在“行车设备检查登记簿”内登记。 (3)通知值班干部。 (4)将电务销记情况汇报列车调度员,按列车调度员指示办理。地面信号故障按上述有关规定执行
关键控制	

6.4.2.5 通信设备故障

1. 车站 FAS 故障,具体处置见表 6-42。

表 6-42 车站 FAS 故障处置表

故障现象	车站 FAS 故障
主要原因	设备故障
应急处置	(1)车站值班员通知通信部门检查处理,在“行车设备检查登记簿”内登记。 (2)报告列车调度员。 (3)通知值班干部。 (4)车站值班员使用 GSM-R 手持终端或有语音记录装置的自动电话办理行车通话。 (5)故障修复后,车站值班员根据通信部门在“行车设备检查登记簿”内的销记,恢复设备正常使用。报告列车调度员
关键控制	认真确认销记内容

2. GSM-R 故障，具体处置见表 6-43。

表 6-43　GSM-R 故障处置表

故障现象	GSM-R 故障
主要原因	设备故障
应急处置	(1)立即通知通信部门检查处理，在“行车设备检查登记簿”内登记。 (2)及时报告列车调度员。 (3)通知值班干部。 (4)根据通信部门在“行车设备检查登记簿”内登记的停用内容、影响范围及行车限制条件，按下列规定办理： ①影响调度命令无线传送功能时，向司机发布的调度命令，按规定采用列车无线调度通信设备发布、转达或采用人工书面交递方式。 ②司机报告遇无进路预告信息，立即报告列车调度员，列车由正线通过改为侧线接车时，应提前预告司机。 (5)故障修复后，车站值班员根据通信部门在“行车设备检查登记簿”内的销记，恢复设备正常使用。报告列车调度员
关键控制	认真确认销记内容

3. 车站列车无线调度通信设备故障，具体处置见表 6-44。

表 6-44　车站列车无线调度通信设备故障处置表

故障现象	列车无线调度通信设备故障
主要原因	雷击影响电源；设备本身故障
应急处置	(1)报告列车调度员。 (2)通知通信工区，在“行车设备检查登记簿”内登记故障现象。 (3)通知值班干部。 (4)告知两邻站转告列车司机本站列车无线调度通信设备故障。 (5)启用备用列车无线调度通信设备，如备用故障，使用无线电台。 (6)审核设备管理单位销记内容。 (7)将处理情况汇报列车调度员
关键控制	盯控进路、信号，注意列车运行

4. 机车综合无线通信设备故障，具体处置见表 6-45。

表 6-45　机车综合无线通信设备故障处置表

故障现象	机车综合无线通信设备故障
主要原因	设备故障
应急处置	(1)报告列车调度员。 (2)通知值班干部。 (3)影响调度命令无线传送功能时，向司机发布的调度命令，按规定采用列车无线调度通信设备发布、转达或采用人工书面交递方式。 (4)遇无进路预告信息，司机须报告列车调度员(车站值班员)，列车由正线通过改为侧线接车时，车站值班员应提前预告司机。 (5)机车综合无线通信设备不能通话时，司机应立即使用 GSM-R 手持终端报告列车调度员(车站值班员)。如 GSM-R 手持终端也不能进行通话时，司机应在前方站停车报告；机车综合无线通信设备或 GSM-R 手持终端修复(更换)后，方准继续运行
关键控制	设备故障修复后，恢复设备正常使用

5. 列车调度员、车站值班员因无线通信设备故障，均无法与司机取得联系，具体处置见表6-46。

表6-46　无法与司机取得联系时的处置表

故障现象	列车调度员、车站值班员均无法与司机取得联系
主要原因	无线通信设备故障
应急处置	(1)不得向区间放行列车。 (2)通知通信部门，并在"行车设备检查登记簿"内登记。 (3)通知值班干部。 (4)通信部门抢修完毕后，列车调度员根据通信部门在"行车设备检查登记簿"内的销记，恢复正常行车组织
关键控制	不得向区间放行列车

6.4.2.6　CTC故障

1. CTC车务终端故障，具体处置见表6-47。

表6-47　CTC车务终端故障处置表

故障现象	CTC车务终端故障
应急处置	(1)报告列车调度员，通知电务，在"行车设备检查登记簿"内登记。 (2)通知值班干部。 (3)遇一台车务终端故障时，切换到其他作用良好的车务终端上。 (4)非集控站所有车务终端故障时，转入非常站控模式

2. 车站与调度所间CTC通信故障，具体处置见表6-48。

表6-48　车站与调度所间CTC通信故障处置表

故障现象	车站与调度所间CTC通信故障
应急处置	(1)报告列车调度员，通知电务，在"行车设备检查登记簿"内登记。 (2)通知值班干部。 (3)按车站操作方式或转入非常站控模式组织作业。 (4)车站操作方式的车站，由车站自律机按原已收到的列车运行调整计划继续自动执行，直到列车运行调整计划执行完毕。 (5)车站操作方式的车站应加强监控，发现问题立即转入非常站控模式。 (6)及时接收阶段计划、向列车调度员报点
控制关键	转非常站控，通知值班干部到岗盯控

3. 列车车次号错误或丢失，具体处置见表6-49。

表6-49　列车车次号错误或丢失处置表

故障现象	列车车次号错误或丢失
应急处置	车站值班员应报告列车调度员，与列车调度员核对确认后，重新输入正确的车次号

4. CTC 不能下达列车运行计划，具体处置见表 6-50。

表 6-50　CTC 不能下达列车运行计划处置表

故障现象	CTC 不能下达列车运行计划
应急处置	(1)立即报告列车调度员。 (2)通知电务，在“行车设备检查登记簿”内登记。 (3)通知值班干部。 (4)根据需要转为非常站控，登记“CTC 控制模式转换登记簿”。 (5)采取电话等方式下达列车运行计划

5. CTC 不能自动触发进路，具体处置见表 6-51。

表 6-51　CTC 不能自动触发进路处置表

故障现象	CTC 不能自动触发进路
应急处置	(1)立即报告列车调度员。 (2)通知值班干部。 (3)通知电务，在“行车设备检查登记簿”内登记。 (4)采取人工触发进路或人工排列进路方式办理

6. 调度所及车站 CTC 设备均不能正确显示列车占用状态，具体处置见表 6-52。

表 6-52　调度所及车站 CTC 设备均不能正确显示列车占用状态处置表

故障现象	调度所及车站 CTC 设备均不能正确显示列车占用状态
应急处置	(1)列车调度员应立即通知已进入区间的列车司机立即停车。 (2)通知电务，在“行车设备检查登记簿”内登记。通知值班干部。 (3)车站转为非常站控，并在“行车设备检查登记簿”内登记。 (4)根据电务部门登记的行车限制条件放行列车，通知对已进入区间的列车，列车调度员确认列车至前方站间空闲后，通知列车司机逐列恢复运行，指示后列恢复运行前必须确认前列已完整到达前方站。 (5)区间空闲后，按站间组织行车。 (6)故障修复，列车调度员根据电务部门的销记，通知有关列车司机恢复正常行车

6.4.2.7　其他

1. 单机、自轮运转特种设备在自动闭塞区间紧急制动停车或被迫停在调谐区内，具体处置见表 6-53。

表 6-53　单机、自轮运转特种设备在自动闭塞区间紧急制动停车或被迫停在调谐区内处置表

故障现象	单机、自轮运转特种设备在自动闭塞区间紧急制动停车或被迫停在调谐区内
应急处置	(1)立即通知后续列车立即停车，不得再向该区间放行列车。 (2)立即报告列车调度员。通知值班干部。 (3)了解停车位置。 (4)列车调度员(车站值班员)接到停车单机、自轮运转特种设备开车的汇报后，方可通知后续列车继续运行

2. 自动过分相地面设备故障，具体处置见表 6-54。

表 6-54 自动过分相地面设备故障处置表

故障现象	不能自动过分相
主要原因	自动过分相地面设备故障
应急处置	(1)立即汇报列车调度员。通知后续列车注意运行。 (2)通知接触网工区。登记“行车设备检查登记簿”。 (3)通知值班干部。 (4)设备管理单位发现自动过分相地面设备故障时，应立即报告列车调度员(车站值班员)，同时在“行车设备检查登记簿”内登记，写明行车限制条件。 (5)在故障修复前，列车调度员(车站值班员)根据设备管理单位的登记，通知司机采用手动过分相。 (6)自动过分相地面设备修复后，列车调度员根据设备管理单位在“行车设备检查登记簿”内的销记，恢复正常行车组织
关键控制	危及行车安全，立即通知区间内后续列车停车，并不得再向该区间放行列车

3. 单司机值乘的列车，具体处置见表 6-55。

表 6-55 单司机值乘的列车处置表

故障现象	单司机值乘的列车
应急处置	(1)列车机车与第一辆车的连挂，由列检人员负责；无列检作业的列车，由车辆乘务员负责；无车辆乘务员的列车，由车站人员负责。列车机车与第一辆车的车钩摘解、软管摘结，由列检人员负责。无列检作业的列车，由车辆乘务员负责；无车辆乘务员的列车，由车站人员负责。 (2)接到列车被迫停车可能妨碍邻线的通知后，应立即通知邻线有关列车停车，在原因消除前不得向邻线放行列车

4. 旅客列车漏风应急处置，具体处置见表 6-56。

表 6-56 旅客列车漏风应急处置表

故障现象	旅客列车在站发生漏风故障
应急处置	(1)车站值班员立即报告列车调度员。 (2)通知值班干部。 (3)值班干部现场组织机车乘务员、车辆乘务员做好故障判断处置。 (4)属于机车原因，经处理后能正常运行时，继续担当牵引任务；无法处理时，按规定请求更换机车。 (5)属于车辆原因，车辆乘务员(有客列检作业的由客列检负责)分段查找漏风车辆，查明漏风原因经处理并简略试验良好后，通知车站值班员按规定组织开车。无法处理时，按规定甩车或更换车辆后继续运行。 (6)属于“双改单”情形时，由车辆乘务员通知列车长组织客运乘务组检查确认集便式厕所已全部关闭，确认完毕后由列车长通知车辆乘务员。车辆乘务员(有客列检作业的由客列检负责)通知司机再次进行简略试验，试验良好后按规定组织开车。如简略试验仍漏风时，按 5 项处置

5. 旅客列车双管改单管供风，具体处置见表 6-57。

表 6-57　旅客列车双管改单管供风处置表

故障现象	双管供风设备故障；用单管供风机车救援接续牵引
主要原因	
应急处置	(1)立即汇报列车调度员，通知值班干部。 (2)双管改单管作业应在站内进。 (3)列车调度员发布双管改单管供风的调度命令，车辆乘务员根据调度命令在站内将客车风管路改为单管供风状
关键控制	

参考文献

[1]彭其渊,文超．高速铁路运输组织基础[M]．成都:西南交通大学出版社,2019.

[2]铁道第三勘察设计院集团有限公司．高速铁路设计规范[M]．北京:中国铁道出版社,2014.

[3]王慧．高速铁路客运组织[M].2版．成都:西南交通大学出版社,2019.

[4]郑州铁路局．高速铁路客运[M]．北京:中国铁道出版社,2012.

[5]陈应先．高速铁路线路与车站设计[M]．北京:中国铁道出版社,2001.

[6]孙棣．高速铁路票务管理[M]．上海:上海交通大学出版社,2019.

[7]佟立本．高速铁路概论[M].4版．北京:中国铁道出版社,2017.

[8]马海漫,宋玉佳．高速铁路客运组织[M]．成都:西南交通大学出版社,2019.

[9]隋东旭．高速铁路客运组织[M]．上海:上海交通大学出版社,2015.

[10]孙棣．高速铁路设备运用[M]．上海:上海交通大学出版社,2019.

[11]《铁路电子客票实用培训手册》编委会．铁路电子客票实用培训手册[M]．北京:中国铁道出版社有限公司,2020.

[12]彭其渊,殷勇,闫海峰．客运专线建成后铁路运输通道合理分工模型[J]．西南交通大学学报,2005,40(6).

[13]李天琦,聂磊,谭宇燕．基于换乘接续优化的高铁周期性列车运行图编制研究[J]．铁道学报,2019,41(3):10-19.

[14]马建军,胡思继,许红,等．京沪高速铁路列车运行图编制基本理论的研究[J]．北方交通大学学报,2002,26(2):47-50.

[15]夏德春．德国铁路调度指挥系统[J]．中国铁道科学,2004,25(4):141-144.

[16]彭其渊．高速铁路调度指挥[M]．北京:中国铁道出版社,2011.

[17]刘志明．高速铁路综合调度系统体系结构的研究[J]．中国铁道科学,2004(2):1-5.

[18]陈应先,李明国．高速客运站基本图型的分析[J]．铁道标准设计,2007(3):54-58.

[19]杨涛,崔艳萍．武汉站应急处置机制研究[J]．铁道运输与经济,2013(7):88-92.

[20]程学庆,贾华强,唐瑞雪,等．高铁应急救援管理及预案研究[M]．北京:中国铁道出版社,2015.

[21]中国铁路总公司．高速铁路客流组织[M]．北京:中国铁道出版社,2014.

[22]卢春房．中国高速铁路[M]．北京:中国铁道出版社,2013.

[23]隋东旭,宋贵君．铁道概论[M]．北京:北京理工大学出版社,2018.